金運ハウス

一生お金に恵まれる家の秘密

マンションでも大丈夫！

風水・家相のスペシャリストにして
「住む人が幸せになる」家づくりの専門家
一級建築士 八納啓創

KADOKAWA

はじめに

もうちょっとお金があったらいいのに……と思いませんか？

世の中には専業主婦の人をはじめ、パートタイマーの人や年収300万円、500万円、1000万円、数千万円以上の人などさまざまな年収の人がいます。

しかし興味深いことに、年収がどのゾーンの人もみんな共通して「お金がもうちょっとあればいいのにな」と思っています。

年収300万円の人から見れば、年収1000万円の人になぜそんな不満があるのか分かりません。年収1000万円の人は、年収1億円の人になぜそんな不満があるのか分からないでしょう。

なぜいつも、こんなにも「お金が足りない」と感じてしまうのでしょうか？

「金運ハウス」と「貧乏ハウス」に住んでいる人の違いって何!?

いつも「お金が足りない」と感じてしまう → 「貧乏ハウス」に住んでいるのが原因

“いい気”で満たされた金運ハウスに住めば
貧乏サイクルから抜け出せる

私は、「**それらの家にお金を引き寄せる『気』が足りないから**」と考えています。家の大きさや年収は関係ありません。お金を引き寄せる「気」が少ない分、いつも足りないと感じてしまうのです。

これまで一級建築士として30年間にわたって、120件以上のオーダーメイドの設計をしてきました。手掛けてきたのはごく一般的な家庭の家をはじめ、施設や繁盛しているクリニックの経営者の家、東証一部上場企業の社長の家、年商500億円の経営者の家、ベストセラー作家の家などさまざまです。

そこで気づいたことがあります。それが住まいとそこに住む人の金運との関係です。

金運がいい人は家の大きさなどにかかわらず、お金を引き寄せる「気」に満ちている家に住んでいます。

大きくて立派な家に住んでいても、お金を引き寄せる気が弱ければお金の回りが悪くなり、その家を手放さないといけなくなる人もいます。

逆に小さな家や賃貸アパートに住んでいても、お金を引き寄せる気が強ければ、住めば住むほどお金が入るチャンスが巡ってきます。

中古より新築がいいとか、マンションより戸建てがいいとか、賃貸より持ち家がいいとかいう話ではありません。

同じマンションで同じ間取りの賃貸が横並びにあるとして、片方はどんどんお金が舞い込む「金運ハウス」になり、もう片方はどんどんお金が目減りする「貧乏ハウス」になることも十分あり得ます。

その差は、1年後、2年後、3年後……と時間が経つほど大きくなります。

では、我が家を思い浮かべてみてください。

あなたの家はどっちでしょうか？

「金運ハウス」ですか？　それとも「貧乏ハウス」ですか？

なぜ、金運で「家」が大切なのか？

実際に設計させていただいた方々以外にも、世界で活躍している一流の方にお会いする機会がありました。その中のお一人がヨシダソース創業者の吉田潤喜さんです。

吉田さんは19歳のときに500ドルを握りしめて単身で渡米されました。車中泊で暮らすギリギリの生活からスタートして、波乱万丈の末、京都で焼肉屋を営んでいた母親が作っていた焼肉のタレを思い出し、作ってプレゼントしたことから広まったソースが現地で脚光を浴びました。

これを当時、創業したばかりのコストコで実演販売から始め、ぐいぐいと売り上げを伸ばして年商250億円のグループ企業にまで大成長させました。アメリカンドリームを掴んだ、すごい方です。

Newsweek日本版では「世界で最も尊敬される日本人100」の一人にも選ばれています。吉田さんの講演会でお話を聞き感銘を受けてから、私が広島で主催する講演会に来ていただくなど交流を持たせてもらっています。

あるとき、幸運なことに、吉田さんがお住まいのアメリカ西海岸にあるポートランドと、サンディエゴの家にお邪魔させていただきました。

一級建築士として、富豪になっていく人がどんな家に住んでいるのか、私は興味津々でした。

ご自宅を拝見して感じたのは、「**どんどんお金を引き寄せる人は、やはり、住まいを本当に大事にしている**」ということでした。

吉田さんの家に対する考えを知りたくて詳しくお話を聞けば、お金がなかった時代から住む家には思い入れを持っていたそうです。

吉田さんは、「ポートランドの家に引っ越してから会社の業績が一気に良くなった。やっぱり家に何かあるんとちゃうか？」とおっしゃっていました。

住む家が会社の業績に影響していると実感していたのです。

実際に、私が設計を手掛けた建て主の中にも、新居に引っ越してから生活が一変しビジネスが軌道に乗り始めた方や、経済的自由を手に入れた方がいらっしゃいます。

こうした話を初めて聞く人は「そんなことある？」「本当に？　怪しい」と思うかもしれません。

けれども普段から「家を幸せに住みこなすコツ」というテーマでセミナーを開催している私は、「そんなことあるんです！」と自信を持っていえます。なぜなら「**人は環境に左右される生き物**」だからです。

実際にセミナーの受講生からは、「家に対する意識を変えただけでパートナーができました」「無理と思っていたけど結婚できました」「やっと子どもを授かれました」などの喜びの声がたくさん届いています。

コロナ禍で金運の明暗を分けたのは「家」だった!?

家と人生の関係性。多くの人がまさにそれを実感したのは、世界を大きく変えたコロナ禍でした。

当時、流行った「**コロナ鬱**《うつ》」という言葉を覚えている人もいるのではないでしょうか?

私は、**コロナ鬱にかかった人の多くは「家は帰って寝るだけの場所」くらいの感覚で家を選んで住んでいた人たち**だと考えています。

それまでは昼間の部屋が暗かったり、間取りが悪かったりする家に住んでいても特に気にすることもなく過ごしていたのだと思います。その家に長期間、閉じ込められたせいで、家にいるだけで気持ちがどんどん盛り下がり精神を病んでしまったのです。

その一方で「幸せに家を住みこなすコツ」を知っている人たちは、コロナ禍でもオンラインで人と交流するなどして精力的に過ごしていました。私の周りにはコロナ禍でビジネスを始めた人も少なくありません。

別荘を持っている人、セカンドハウスを持っている人、賃貸のアパートに住んでいる人と、住まいの形はさまざまですが、**普段から意識して家を整えている人は「大好きな家にいられるのが嬉しい！」といいながら過ごしていました**。

人の移動が制限されて経済活動が停滞し、収入が減少する人が多いなか、逆にビジネスチャンスを掴んで収入を増やした人もいたのです。まさに「家がお金を引き寄せた」のです。

金運を高めると望んだ人生が手に入るようになる

金運を高めればお金が増えるだけでなく、さらに舞い込む運があります。自由になる時間が手に入りやすくなり、自分のやりたいことを中心にした生き方にシフトしやすくなります。

友人でもある質問家のマツダミヒロさんは、日本と海外に数か所拠点を持つ多拠点生活を送っています。

マツダさんに「家をたくさん持つと家賃や経費などお金がかかって大変なのでは?」と聞いたことがあります。すると、「いくつかの拠点を持つことでそれぞれの場所でコミュニティが出来上がるから、逆に拠点数が増えるにつれて収入がどんどん増えたんだよ」と返ってきました。

それから数年経った今では、マツダさんと同じような発想で**二拠点生活や多拠点生活をする人が増えていて、そんな人たちは自由なライフスタイルを手に入れています**。

私自身も以前設計した東京の下北沢の家を貸りることができ、ここをオフィス兼住居として、自宅がある広島と東京を行き来する二拠点生活を送っています。移動の労力はかかりますが、確かにマツダさんがいうように、生活の拠点が増えると圧倒的に

金運ハウスってこんなもの！

ほとんどの人が
家を幸せに住みこなす
コツを知らない

人は環境に
左右される生き物

金運ハウスに住むと…

お金が舞い込む

お金のストレスから解放

家族の絆が
深まりやすい

あなたが本当に望む
人生が手に入るようになる

人との繋がりも増え、収入もそれにともなって増えているのを実感できています。

それに、金運が低迷する家に住んでいると、日頃からお金のストレスを感じて気持ちが塞ぎがちになったり、気分が不安定になったりします。これが原因で夫婦喧嘩が増えたり育児に悪影響を及ぼしたりもします。

金運ハウスに住んでいる人たちはこうしたストレスから解放されて、家族の絆が深まりやすいという特徴があります。

人生は住まいにコントロールされている部分が大きく、金運を高めることであなたが本当に望む人生が手に入るようになります。

「普通の人」はなぜ金運に恵まれないのか？

多くの人はもっとお金があれば幸せと思っているのにもかかわらず、金運になかなか恵まれません。原因は、**金運に恵まれない人はお金にいいイメージを持っている人が少ない**からです。

こういえば、「そんなことない！　だってほとんどの人はお金が好きなはずでしょ？」と思うかもしれません。しかしお金の専門家の友人に話を聞くと、金運に恵まれない人たちは潜在的に次のような思いを持っていることがあるそうです。

- 自分が今以上の豊かな生活に値する人間だとは本当は思っていない
- お金がありすぎると妬みややっかみを受け、不幸になるような気がする
- 「お金持ち＝悪い人」に思えて、自分はあまりそうなりたくない
- お金が入って、人格が豹変した人を知っている
- お金を欲しい！　と口でいっても、本当はそこまでお金を必要としていない

これらを読むと、ギクッとするのではないでしょうか？

よくよく胸に手をあてて考えてみてください。

金運になぜか恵まれないと思っている人ほど、お金に対してこのようにネガティブな思いを抱いている割合が高いのです。しかし普段からお金について真剣に考える習

慣がないので、そのこと自体に意識できません。自らお金を遠ざけていることにも当然、気づかないわけです。

こうしたお金に対するメンタルブロックを解消するために、本書では心理カウンセラーの妻にサポートに入ってもらい、アドバイスを受けながら執筆しました。

金運を高めるために解消したい「お金を使うことによるストレス」への対処法も紹介しています。こうしたストレスが軽減されることで、自然と思考を「お金を引き寄せる考え方」に変えていくことができます。

金運と私の提唱する「家相」の関係について

本書は、現在のあなたの住まいが「金運ハウス」かそうでないかを判断する指針になるとともに、もし、貧乏ハウスとなっている場合は、どこをどう変えたらいいのか具体的なノウハウを詰め込んでいる一冊です。

私は普段の家づくりに日本の風水である「**家相**」を取り込んでいますので、家相に基づいたテクニックも随所でご紹介しています。

なぜ「日本の風水である家相」という表現を使っているのかというと、実は、風水と家相は別物だからです。

実際に、**風水と日本の風水である「家相」は別物なのに、これらをごちゃ混ぜに解釈している人が非常に多い**です。

たとえば、風水としてよく語られている「**鬼門**《きもん》（家の重心から見て北東方位）」は、一般的に不浄な方位、忌み嫌うべき方位といわれています。けれども本当は、真反対の意味だということを知っている人はほとんどいません。

これまで家づくりをしながら20年近く家相を探究してきましたが、その結果分かったのは、**鬼門はエネルギーが溢れ出る方位**だということでした。

鬼門は本来、生門《きもん》と書きます。このあたりに興味がある人は拙著『開運ハウス』をご覧いただきたいのですが、鑑定上、鬼門という言葉を重要視しているものは、ほぼすべて家相です（中国由来の風水は鬼門をそこまで重要視していません）。
風水といいながらも、鬼門を気にしている日本人が圧倒的に多いので、本書でも金運ハウスに必要な要素は日本の風水である「家相」をベースにお伝えします。

ところで、金運と私の提唱する家相との関係について、非常に気をつけて欲しいことがあります。

たとえば、「金運を上げるために西に黄色い絵を飾る」という情報があったとします。多くの人はこういった情報に飛びつき、頑張って黄色い絵を買ってきて飾ったりします。そして「いつ金運が上がるのかな～」と待ちます。

そう思いながら心のどこかで「自分の家だとその場所に黄色い絵があるのはとっても違和感がある……」と感じているケースも実際にはあります。多くの人は、それでもその情報を信じて頑張って絵を飾り続けますが、その結果、金運はほぼ上がりません。

なぜそう言い切ることができるのでしょうか？

私が長年一級建築士として家相を組み込んだ家づくりやＹｏｕＴｕｂｅ『幸福すまいチャンネル』で情報発信してきて確信したことがあります。

それは、**家相などに依存していたり、活用することに心からワクワクしていなかったりすると効果が出ない**ということです。家相を無理して使っていると効果も出ず、本末転倒な結果になってしまうのです。

私が提唱する家相の根本は、「使うことで気分が上がるかどうか？」だと考えています。また気分が上がらないと効果が出ないのは心理学的にも裏付けされています。

本書でも、「気分が上がる！」視点でたくさんのノウハウや考え方をお伝えしていますのでお楽しみに！

あなたの家は大丈夫？　金運ハウス度チェック

ここで現在の状況を把握していただくために、家とあなた自身についてお伺いします。10個の簡単なチェック項目を用意しました。これに回答してみてください。

答えが「YES」の場合は、項目にレ点チェックを入れましょう。

チェックはいくつ入りましたか？

チェックが多い人ほど金運ハウスからほど遠い状況です。

しかし、安心してください。もしチェックが多くついていたら、それは本書を読むことで金運ハウスに近づく伸びしろがたくさんあるということです。

落ち込まず、「今が変われるチャンス！」と思って気持ちを切り替えましょう。

本書の構成を紹介します。

まず1章では、**多くの人が誤解している日本の住宅の真実をお伝えします**。冒頭で伝えた「いつもお金が足りないと感じてしまう」現状に対する理解は、こうした誤解を解いていくことから始まります。

続く2章では、**貧乏ハウスとなる原因の一つである「お金に対して無意識に働いている概念やメンタルブロック」について、ワークなどを通して探っていきます**。また、

あなたの家の
金運ハウス度をチェック！

金運

- □ 玄関に物が溢れている
- □ 部屋の床に物を直置きしている
- □ 家の中に汚部屋がある
- □ 朝起きて、疲れが取れていないと感じる
- □ 家族の会話がほとんどない
- □ 家の中で、一人でじっくり考える時間がない
- □ ほとんど引きこもっていて、あまり外出しない
- □ これまで家に人をほとんど招いたことがない
- □ 日常的に、人と交流する機会が少ない
- □ いつもお金のことで悩んでいる

いっぱい当てはまるかも…
チェック何個ついたかな？

家を金運ハウスにするための根本的な家の役割についてもお話しします。

次に3章では、**金運ハウスに欠かせない要素を「5つの鍵」として紹介しています**。金運ハウスに必要な基礎を学ぶ土台づくりだと思って、現在の住まいに足りない要素を洗い出してみてください。

そして4章では、**金運ハウスにしていくための実践的な15のポイントを「入門編」「基礎編」「中級編」「上級編」に分けて紹介しています**。現在の住まいの状況と照らし合わせて、適したステップから実践できるようにしています。

最後の5章では、**金運ハウスに磨きをかけていくためのさらに具体的な方法を予算別で紹介しています**。予算0円で始められることから100万円以上かけてリフォームする方法まで。それぞれ入りやすい価格帯から着手してみてください。

なお、金運ハウスに仕上げるのを急ぐ必要はありません。

本書でお伝えする話から家の本質に気づいていただき、各章を追って順番に実践してもらいたいと思っています。今できることから一つずつ手をかけていく工程が重要なのです。それが最も近道で確実な方法でもあります。

金運を高める鍵は家にある。家が金運を引き寄せるようになると、お金が巡ってくるだけでなく人生全般の運勢も良くなってくる。この流れがくればもうこっちのものなのです！

さっそく、金運ハウスへの旅をスタートしましょう！

目次

CONTENTS

第2章 人生100年時代から見る金運が上がる人とそうでない人

第3章 金運ハウスにするための5つの鍵

CONTENTS

第4章 「自動的にお金がどんどん入る家」にするための15のこと

CONTENTS

第5章 【予算別】あなたの家を最高の金運ハウスにするためのポイント

装丁　原田恵都子
本文デザイン・DTP　荒木香樹
イラスト　サワノサワ
編集協力　山本櫻子
校正　ペーパーハウス
編集　荒川三郎（KADOKAWA）

第1章

なぜあなたの家は
お金がどんどん
離れていくのか？

なぜいつもお金がないと感じてしまうのか？

バブル崩壊後、かれこれ30数年にわたって多くの日本人が「お金が足りない！」と思いながら生活しています。


「もう少しお金があったら」

「お金の不安を感じるのはもう嫌」

「こんなことなら、あまり長生きもしたくない」

「お金さえあれば、もっと自由に生きられるのに！」

「老後の資金が全然足りないけど、どうなるんだろう……（汗）」


2020年3月から4年近く続いた新型コロナウイルス感染症の影響でさらに経済活動が停滞し、その後においても日本では不景気が続いています。

なぜ、これほどまでに「お金がない」と感じるのでしょうか？

理由はシンプルで、入ってくるお金よりも出ていくお金が少し多く、手元のお金がどんどん目減りしていく感覚があるからです。まるでお金をむしり取っていく貧乏神に取り憑かれているような状況です。多くの人がそう実感しています。

それに対して、**福の神がついているのでは？　というくらい羽振りの良い人がいるのも事実**です。

これほどまでにお金が巡る（金運）状態が違うのはなぜでしょうか？

その違いを知るためには、今の日本で起こっているいくつかの事実を押さえておく必要があります。**実は、そのことを知っている人と知らない人の間で金運に大きな差が生じている**のです。

まずは、日本の住む家の真実と、どんどんお金が減っていく理由からお伝えします。

日本の家は金食い虫!?

他の先進国の家は、住めば住むほどお金を生み出すのに対して、日本の家のほとんどが住めば住むほどお金が減っていく事実があることをご存じですか？
日本の家は新築で手に入れても15年ほどで財産としての価値が目減りして、買った当初の2、3割程度にしかならないこともざらにあります。

「どちらにしても自分は賃貸だから関係ない」
と思う人もいると思います。けれどもそんな方々は、後でお話しする日本における賃貸を借り続けるリスクを知りません。

この知識がないまま、暮らせば暮らすほど手元のお金がどんどん減っていき、将来に対するリスクが高くなる。これが日本の現状なのです。

たとえば、近年の光熱費の高騰をどれだけの人が想定していたでしょうか？
賃貸の家賃や住宅ローンを、月々の収入に対してギリギリの金額で設定して現在の住まいを選んだ人は、想定外の光熱費の高騰により生活が困窮している場合も少なくありません。

生成AIが台頭してきているなか、職業消滅時代ともいわれています。仕事に関しても、今の仕事をこの先もずっと続けられるのか分からないと思っている人が多い不安定な世の中です。高額な毎月の固定費をこれから先も払い続けることができるのか、心配な人は多いはずです。

賃貸の場合は、今より安い物件に移り住めばどうにか現状の難を逃れることができます。しかし、**持ち家の場合は、予想以上に支払総額が増えて「住宅ローン破産予備軍」になってしまいます**。

あなたはそれをどこまで実感していますか？

なぜ、そのようなことになっているのか、本当のところを知っていますか？

多くの日本人が知らない間にハマっている「住まいの罠」とは？

日本でこのようなことが起こっている理由。それは、ずばり「お金と家」について、ほとんどの日本人がちゃんと学んでこなかったからです。

思い出してみてください。

子どもの頃、学校で資産運用の具体的な実践法を学んだことがありますか？　手に入れた家をどのように使いこなして、資産強化をしていくか、誰かに教えてもらった覚えがある人はいますか？

残念ながら、今の日本の教育環境でそういったことを学んできたと自信を持っている人は稀でしょう。ましてや家庭では、そのような教育を受けてきた人はほんの一握りです。


日本人は新築の家に価値を感じます。それに対して、他の先進国は違います。

たとえばアメリカでは、日曜になれば住んでいる家に自分たちの手で模様替えをしたり、壁のペンキを塗り替えたりしてせっせと手を加えてリフォームしています。

彼らがそうして、住んでいる家に手をかけるのはなぜでしょうか？


答えはシンプルです。**家を手入れすればするほど、高い値段で売ることができるようになるから**です。

他の先進国では家の耐久性が高く、丁寧に使い込んだ家に価値を置く傾向があり、不動産としての価値が向上しやすいのです。そうした国々では子どもの頃から家庭内でそのような教育を受けているため、家を活用した資産形成に積極的なのです。

それに対して先ほども述べたように、**日本の多くの家は15年ほどで家自体の価値がたった2、3割かほぼゼロになり、土地の価値だけが値段として残るケースが多い**のです。

このような背景から、「家に手を入れても家の価値が上がるわけではないので無駄なこと」「素人が家に手を加えるなんてどうすればいいか分からない」「家は最初は新品でいいけど、後になればなるほど古ぼけていくだけ」などと、家を手入れすることに対して無気力化しているのが日本の現状です。

ですから、わざわざ家を購入しても意味がないと考え、賃貸に住む人が多いのも頷けます。しかし高齢者ともなれば、日本の賃貸事情は決して優しいとはいえません。特に65歳を超える高齢者に対しては賃貸に入居する際の審査の条件が厳しくなり、結果、満足できる物件は借りられず、生活の質が下がる一方です。

持ち家にしても、賃貸にしても、日本の住まいは老後に不安を抱えるようなものばかりなのです。

なぜこのようなことが起こるかというと、冒頭でもお伝えしたように「お金と家」について、日本で必要な知識を私たちが持ち合わせていないからです。

日本人は「お金と家に対してリテラシー（知識や理解力、知識を活用する能力）が低い」のです。

まずは、この罠にハマっていることを知ることから始めましょう。

他の先進国の例を見ても、子どもの頃から「お金と家」に対するリテラシーを高める教育を受けている家庭は、家をうまく住みこなし、家を財産とすることができています。

こういう人たちは自然と金運が高まります。

本書のテーマである「あなたの家を金運ハウスに仕上げていく」ことに、お金と家のリテラシーを高めるのは外せない要素なのです。

欧米諸国と日本では住まいに対する価値観が違う！

欧米諸国では

休日になれば積極的に手入れをする

手入れをした家は、高値で売却して大きな家に住み替える資金になる

日本では

家は時間が経つと価値がなくなると考えている
ほとんどの家が15年で価値がほぼゼロに！※土地だけ価値が残る

手を入れても価値が下がると思っていて必要最低限しか手をかけないことが多い

現在、働いても働いても金運に恵まれないと感じている人は、残念ながらここが欠けている可能性が非常に高いのです。

しかし、安心してください。

本書との出会いで「お金と家のリテラシー」さえ身につければ、金運を高めることができます。**あなたにはその伸びしろしかありません**。

あなたがこの本を読み終える頃には、あなたの金運は間違いなく高まっているでしょう！　このチャンスを手に入れたい人は、このまま読み進めてください。

他の先進国と日本の家の仕組みは一体何が違うのか？

ここからは具体的に「お金と家のリテラシー」について話します。

ここまで読んできて、日本の家の理不尽さを感じないでしょうか？

なぜ、他の先進国では家が高く売れて、日本では安くしか売れないのか。

もちろん、そういったケースばかりではなく、日本でも家が高く売れることもあります。しかし、**多くの人がそのための知識を持ち合わせていないため、買った値段よ**

り家の資産価値が下がっていきます。これには時代背景も大きく絡んでいます。

日本において、戦後1950年代から1980年代頃までは、高度経済成長期〜バブル期で物価がどんどん上昇しました。何も考えなくても家は買ったときよりも高く売れるのが普通でした。

1500万円で購入した家が、10年後に倍額の3000万円で売却できるということもざらにありました。

そういう背景から、多くの人がこぞって家を買いました。しかし、1990年代初めのバブル崩壊後、日本の経済は停滞し、一般的にその法則が全く成り立たなくなりました。

どれくらい停滞したかについて、面白いデータがあります。「**ビッグマック指数**」です。

マクドナルドのビッグマックがいくらの値段で買えるかを、各国の物価の比較に用いた指数です。

2023年時点で、日本のビッグマック指数は450円、価格の高さでいうと全世界で44位です。それに対してアメリカは793円で8位。韓国は580円で31位。1位は、スイスの1098円です。

1990年は日本でビッグマックは370円でした。同じ時期、アメリカでは350円とほとんど差がなかったのが、今ではアメリカでビッグマックの値段が日本の価格の1・76倍になっています。

世界的に販売されているビッグマックは、どこの国でもほぼ同じ原材料が使われているといいます。つまり、物は同じです。アメリカと比較したときに、この30数年で本来なら日本も現在の1・7倍近く物価上昇する経済成長が必要だったのに対して、ビッグマック指数で見ると、日本は1・22倍にしか物価上昇していないことになります。

日本でマクドナルドを利用しているだけでは気にならないことだと思いますが、こうして他の国と比較すれば、**日本の経済成長が著しく鈍化していることは明白**なのです。

では、ビッグマックを家に置き換えてみるとどうでしょうか？

日本では、数年前に買ったときの家の値段より、今、高く売れる見込みが少ないことを理解してもらえるのではないでしょうか。


そしてもう一つ、大きな原因があります。

それは、**他の先進国の家が何十年も資産として保つことのできる「不動産」なのに対して、日本の家は30年でダメになる「耐久消費財」**だという点です。


耐久消費財の一つであるエアコンであれば、20年経ったら買い替えなきゃいけないと思うのと同じように、30年経ったら建て替えなきゃいけないのが今の日本の家の実情です。

家を持てば将来は安泰と思っていた人にとっては、なかなか衝撃的な話かもしれません。

そのことを知らず、多くの人が30年以上の長期住宅ローンを組んでいます。**ローン**

を支払い終える30年後に家が劣化し、建て替えや大規模リフォームが必要になるとは思ってもいませんし、そこでさらに家に莫大なお金がかかることになるなんて夢にも思っていないのです。

実際に60歳を超えて、こうした家の状態に合わせた大規模な改修工事ができる人は限られています。多くの人が傷んだ箇所の補修ができないまま、どんどん朽ちていく家にそのまま住んでいます。

それに対して、アメリカの家の平均寿命は55年、イギリスの家は約80年といわれています。

他の先進国では、相続してもまだまだ使える家が多いので、その家を受け継ぎ、そのまま住み続けることや売却することで、子の代での資産形成が可能になります。日本においては相続時、大改修が必要であったり、解体しないといけなかったりするような劣化した状態の家が多く、まさに**相続する=貧乏くじを引くような状態**になっています。

他の先進国の家
何十年も資産として
保つことのできる
不動産

日本の家
30年で
ダメになる
耐久消費財

金運に恵まれない人は3年以上先のことを考えていない!?

先ほどもお伝えしたとおり、日本の家のすべてがこのような状況なのかというと、そうではありません。こうした日本の家の問題を打破して、揺るぎない「不動産」となるような家を手掛ける住宅会社も出てきてはいます。でも、まだまだそうした会社は少数派です。

では、こうした状況の中で、金運を呼び寄せるにはどうすればいいのでしょうか？

また、「お金のリテラシーが高い状態」とはどういった状態なのでしょうか？

シンプルにいいます。

お金のリテラシーが高い状態とは、「先読みする力」を持っている状態です。

「先読みする力」を具体的にいうと、5年、10年、20年、30年先の自分のライフスタイルやライフステージに合わせて、必要な資金計画を立てて資産運用できる力のことです。

金運にどんどん恵まれていく人の中には自分の代だけでなく、子どもの代や孫の代まで、どうやって財産を引き継がせるか考えている人もいます。

それに対して、**金運に恵まれない人は、3年先のことを考えるという発想もありません**。5年先となると、もっとイメージがつかないでいます。

誤解がないようにお伝えすると、別にその人たちが悪いといっているわけではありません。なぜなら、人は心理学的にも、3年後や5年後、ましてやそれ以上先のことは、意識しないと基本的に考えられない生き物だからです。

だからこそ、「**意識して考える**」必要があるのです。これがお金のリテラシーを高めるための入り口となります。

実際に家づくりの際に、私のもとに訪れる多くの相談者がこの部分でつまずきます。

そこでファイナンシャルプランナーなどのお金の専門家に入ってもらうのですが、そうやって専門家にサポートをしてもらわないと、将来にわたって自分たちのお金がどのように家やその他の費用に使われていくかをイメージできません。

繰り返しいいますが、**人は強く意識しないと、先のことまで考えるようにはできていない**のです。逆にいうと、意識して将来を考えるようにしている人ほど、金運が上がりやすいということなのです。将来のことを明確に考えるようにすればいいのです。

では、どのようにすれば将来のことを明確にできるのでしょうか？

まず絶対にやらないといけないことがあります。

それは、現時点であなたのお金の収支がどのようになっているかを家計簿などで把握することです。

なぜなら、**お金が減っていく感覚から増えていく方向にシフトチェンジするためには、家計の収支が「収入＞支出」となっているかのチェックから始まる**からです。

「家計簿なんてめんどうくさそう！ 思っていた内容と違うぞ？」と感じ、本書を閉じたくなった人もいるかもしれません。

たとえば、「西に黄色い物を置くと金運が上がる」くらい単純な方法のほうが、本としてはウケがいいのかもしれません。しかし、風水や家相でいうところの「西に黄色い物を置くと金運が上がる」というようなことを実行して、その効果を得るためには、大前提となる条件があります。

それが、お金と家のリテラシーを高めておくことなのです。

金運ハウスにすることができるかどうかの違いは、ここをきちんと押さえているか、いないかの違いです。

金運がどんどん高まる人は、ほとんどの人が一度は家計簿をつけるなどして、お金の収支の状況をしっかり把握しています。なにも一円単位で毎日、きっちりと家計簿をつけろといっているわけではありません。

お金のリテラシーを高めるには、最低限、「入ってくるお金と出ていくお金を管理できている状態」が必要だと覚えておきましょう。

あなたの命を奪う可能性も!! 日本の家の危険性とは?

あなたはどこまで、老後の生活をリアルにイメージできていますか?

先ほど、「高齢になって劣化した家に住み続けることになる」という話をしました。

これについて、少しシビアな話をします。

2020年以降、交通事故で亡くなってしまう人は年間2000人台です。最も交通事故による死者数が多かったのは、今から55年前の1970年で、その数は1万6000人以上というデータが残っています。その後、交通基盤が整い、車の安全性が高くなるにつれて死亡事故の件数は大幅に減ってきています。

ところがそれ以上の年間2万人ほどの人が突発的に亡くなっている場所があるのをご存じですか？　それは「家の中」です。

もう少し正確にいうと、不慮の事故なども含めて、家の中で突発的に亡くなる人は4万人、5万人ともいわれていますが、その内に含まれる2万という数字は、ヒートショックで亡くなっている人の数を表しています。

ヒートショックというのは、20度以上の温度差がある場所に移動したときに起こる血圧の上下動によって、心筋梗塞や脳梗塞などを引き起こすことをいいます。

家の中で20度以上の温度差が生じる場所は？　そう、バスルームです。

たとえば、脱衣所の室温が10度で湯船が40度なら、30度もの差があり、急激な体温変動の影響でヒートショックを起こす可能性が十分あります。

それ以外にも、ヒートショックを引き起こす可能性がある場所があります。意外に思うかもしれませんが、それが冬場のトイレです。

冬の布団の中は28度近くあります。夜中にトイレに立ち、トイレの室温が8度以下なら、ヒートショックになる可能性があるわけです（そのため、冬場にトイレに立つときは必ず上に一枚羽織ってください）。

このヒートショックで亡くなる人の数は日本がダントツに多く、2位の韓国では日本の1／4の5000人程度です。原因は大きく二つあります。

一つは、日本には湯船に浸かる文化があることです。湯船に浸かるため、30度以上の温度差が生じます。それともう一つ、こちらのほうが大きな原因なのですが、**家の中が寒すぎる**ことです。

冬の時期、家の中が寒すぎるという実感をどれくらい持っていますか？

これに関して興味深い話があります。北海道に住んでいる人が冬場に東京の友人の家に遊びに来たときのことです。「東京の家はなんでこんなに寒いの？」と彼らはいうのです。極寒であるアラスカに住む人も同様に、「日本の家は寒いです」というのです。

日本の家は極寒の一部の地域を除き、一様に断熱材があまり入っておらず、他の先進国では重要視している断熱性と気密性（外壁の隙間の量、少ないほど気密性が高い）をないがしろにしています。**日本の家の断熱性と気密性が低いために、家の中が寒すぎて暖房をつけている暖かい場所と寒い場所との温度差を作り出し、ヒートショックを引き起こしているといっても過言ではありません**。

ここまで聞いてもピンと来ない人もいることでしょう。なぜなら冬は厚着をしてこたつに入って丸くなっているというのが普通だと思っているからです。しかしそれでヒートショックによる死亡事故を引き起こしているので、「日本人は命を削って寒い冬を耐え忍んでいる」といっても過言ではありません。

他の先進国では、真冬でも暖房を24度に設定して室内をガンガンに暖めて、家の中では薄着でいます。それが人としての当然の権利だと思っているからです。

家の中で命を落とす危険もある ヒートショックに要注意！

↳20度以上温度差がある場所に入ったときに起こる血圧の上下動によって心筋梗塞や脳梗塞なども引き起こすこと

このような改修工事をする → あなたの命を守りながら家の資産価値も高めてくれる

他の先進国は日本に比べて、家の断熱や気密などの省エネ基準が非常に厳しいです。理由は、日本人は厚着をして耐え忍ぶのに対して、それらの国では燃料のことを気にせずにガンガンに暖房を使うので、国レベルでの石油やガスなどの枯渇性エネルギーの大量消費に繋がり、家の省エネ基準を高めないと燃料の無駄遣いになるからです。

近年、それらの国では高断熱&高気密住宅の資産価値が高く評価されるようになりました。この流れは日本でも数年以内に評価され始め、断熱性や気密性の高い住宅の資産価値は向上すると予想しています。

そういった背景からも、予算がさけるなら、**サッシに内窓をつける、壁に断熱材を付加する、天井裏の断熱材を増やす、床下の断熱材を増やす、合わせて隙間風だらけの家の気密性をできるだけ高めるよう改修工事をすることは、あなたの命を守りながら家の資産価値も高めて、金運アップにも繋がります**。

間取りがあなたの人生に及ぼしている影響を知る

この章の最後に、少し不思議に感じる話をしたいと思います。

私は30年近く、家の設計などに携わってきました。中古の家を購入してリフォームしたいというお客様と一緒に物件を見に行ったりもしました。

そういったなか、借り入れたお金が返せなくなって銀行に差し押さえられた家、いわゆる競売物件の家を見ることもありました。

これらの競売物件たち。じっくりと見ていくと、実は、とある共通項があることに気づきます。それは、本書でも取り扱う日本の風水である「家相」が非常に乱れていることでした。

これまで20数年、家相を組み込んだ家づくりに従事してきた身として、本書でその真実を伝えないわけにはいきません。**あなたは家の間取りがあなたの運気や金運に大きく影響していると聞くと、どのように感じますか？**

「まさか！　たまたまでしょう！」

「そんな占いチックなもの！　八納さんは信じるのですか？」

そういう声が聞こえてきそうです。

実は私も、20年前までは、風水や家相が大嫌いでした。

風水師や家相鑑定士は私たち設計士の敵だとも思っていたほどです。

実際に住宅業界の専門家の大半は風水や家相に懐疑的で、嫌悪感を抱く人もいるほどです。

なぜなら明確なエビデンスがないことをはじめとして、風水師や家相鑑定士の多くが住宅設計の専門家ではないにもかかわらず、「玄関の前にトイレを設置してください」などと住宅設計の専門家から見たら「それはありえない！」という間取りの修正を平気でいってくるからです。

さらには、鑑定士に依存している建て主（多くの場合は女性）にこちらがトイレの位置について指摘すると、「じゃあ、あなたが私たちの人生の責任を取ってくれるのですか!?」と逆ギレされるなど、クライアントを盾にしていいたい放題いってくる（ように見える）鑑定士に敵意を抱かざるを得ない状態が生まれたりしていました。

このようにして、住宅業界と鑑定士業界とがいがみ合っているのが実情です。

しかし20数年前に、**「風水や家相を無視することができない」と痛感させられた出来事が起こりました**。私が設計した家で、立て続けに住む人に不幸が起きたのです。

今、思い出しても心苦しい話なのですが、そうした家の間取りを家相に基づいて調べると、一つの家では、その家に住む女性の体調不良を引き起こす可能性のある間取りでした。実際にその家に引っ越した後、一年後に家主の奥様が大病で亡くなられたのです。

これはかなりショックを受けました。「自分のせいだ！」と思い、家を設計するのが怖くなりました。

「間取りがその家に住む人の人生を決定づけている」

「私が引く一本の線で、その人の運命を決定づけてしまうかもしれない」

「ここに中庭を作ったら素敵だけど、これが住む人の人生に影響するとしたら……！」

設計図と向き合いながらそんなことを考えては、全く線が引けない時期がありました。思うように線を引けないペン先を眺めながら、設計士を辞めようと本気で思ったくらいです。

でも、やがて考えを改めました。

「**この経験を活かして一軒でも風水や家相の良い家を増やし、幸せを体感する人を増やすことが、これからの自分にできることだ！**」と思うようになったのです。

そのために、風水師や家相鑑定士数名の先生に弟子入りしました。最初に学ばせてもらった先生は、家相や手相鑑定の実績が数万件ある方でした。

その先生と組んで初めて取り組んだ家は、当時70歳のご夫妻の家でした。

「家を建て替えるかリフォームするかで悩んでいます。家相の鑑定結果で決めたいと思います」というご要望のもと、先生に既存の家の間取り図とご夫妻それぞれの生年月日をお渡しして鑑定してもらい、その結果をご夫妻に渡しました。

その内容を見てご夫妻は、目を見開いてこうおっしゃったのです。

「なぜこのようなことが分かるのですか？　私と主人に出ている病気の症状がそれぞれズバリ、当たっています。こんなことがあるのですね……」

鑑定結果は運勢以外にも、現在の間取りから住む人の健康への影響を示唆するものが含まれていました。私もまだまだ半信半疑だったので、一緒に驚いてしまいました。

その後、その先生に3組ぐらいの家の設計に関わっていただいたのですが、すべて鑑定がズバリと当たっていて「もう、参りました（とほほ……）」という思いになったのは懐かしい思い出です。

残念ながら、明確なエビデンスのない風水や家相は、建築の教育の専門課程で触れられることはほぼありません。しかし、中国由来の風水は紀元前から活用されていて、日本の家相も仏教伝来と同時期の6世紀ぐらいから使われ始めた陰陽五行をベースにした「人生をより良くするための統計学であり叡智《えいち》」です。

私は風水や家相嫌いだったところから一変して、20数年、風水や家相を活用し、それらが住む人にどのような影響を及ぼしているかを探究して、実際の家づくりに活かしてきました。

手掛けてきた住宅は、この間120軒。その結果、**家を手に入れることで人生がどんどん好転する人が出てきた**のです。

学術的なエビデンスが取れるほどの母数ではないため、実践を積み重ねてきた智慧としかいいようがありません。

そんな中、忘れもしない2020年4月。新型コロナウイルスの蔓延による緊急事態宣言が発令され、1日24時間、家にこもらないといけない時期が続きました。

時を同じくして、コロナ鬱、コロナ離婚、コロナDVという不穏な言葉が流行しました。

これまで仕事や子育てで忙しく、顔を合わせたり話をしたりする機会が少なかった夫婦や家族が、24時間ずっと同じ家で過ごすうちに皆がストレスフルになり、あちこちの家庭でこのようなことが起きたのです。

実はこの時期、「家の中にずっといられて幸せだった！」という人が私の周りに少なからずいたのですが、多くの人たちは「家にいるのが苦痛でたまらない」と感じていたことが分かりました。

「今のままだと日本は相当マズい」

「これまで、クライアントにしか提供してこなかった家を幸せに住みこなす智慧をYouTubeで無料公開していこう」

「住宅業界からは、八納はとうとう風水や家相の話をし出したか、もう終わったな……と思われるかもしれないけど、そんなことで情報発信をやめるわけにはいかない！」

本書を読んでいる方が、私が2020年3月から運営しているYouTube『幸運すまいチャンネル』（2025年1月現在のチャンネル登録者数26万人）の視聴者なら、「私がなぜこのようなチャンネルをやっているのか？」の理由を分かっていただけたことでしょう。

私は、住宅業界でほとんどの人が嫌っているといわれている風水や家相を、本気で探究して取り入れている数少ない一級建築士です。

しかし、チャンネル登録者数が初めの1年で10万人、2年目で20万人になったことから考えても、住宅業界の人とは違い一般の人の多くが、風水や家相に興味を持っていると実感しています。

前著の『開運ハウス』をはじめ、そうした方々と本著『金運ハウス』を分かち合うことができるのは、これ以上ない幸せだと実感しています。

この本で初めて私のことを知っていただけた方も、まずは本書に目を通してできることから実践してください。きっと今まで見えていなかった世界が開けるはずです。

建築士
お客様や風水師など
風水家相
住宅業界ではほとんどの人が風水・家相を嫌っている
私も昔は嫌いでした
どんより
風水家相を無視して作った家に住む人が次々と不幸に…
自分のせいだ
と思い、設計のペンが持てない時期も…
「住む人が幸せになる家を作りたい」
「風水・家相に良い家を増やす！」と決意！
師匠
家相のプロに弟子入り
家相を取り入れた家づくりを実現!!!

第2章

人生100年時代から見る金運が上がる人とそうでない人

多くの人が金運に恵まれない本当の理由とは？

「お金がない、お金がない、と家でいい続けると、先祖代々までお金に呪われる」

こう聞いて、ドキッとする人はいませんか？

日常的に「お金がない！」をつい口走っている人は、お金を手に入れたいと思っているにもかかわらず、自ら金運を遠ざけている可能性があります。

実は、お金と家に対するリテラシーの低さに加えて、日本人が抱えるもう一つの問題があります。

ここからはさらに踏み込んで、心理カウンセラーの妻の言葉を借りながら、一人ひとりが持つお金の概念にまつわる話をしていきたいと思います。

まずはあなたの子ども時代を振り返ってみてください。何かにつけて、親にこんなふうにいわれた経験はありませんか？

「習い事がしたい」といえば「お金がない」。
「あれを買って欲しい」といえば「お金がない」。
「あの大学に行きたい！」といえば「お金がない」。

これと似た記憶があれば、あなたはお金に対してメンタルブロックがかかっている可能性があります。特に40代以上の女性は、子ども時代、「女を大学に行かせるのはもったいない」という理由で大学に行けなかった人も結構います。

このようなことをいわれて育った人はどうなるでしょうか？

『幸運すまいチャンネル』の視聴者から「子どもの頃からお金がないといわれて育ってきたので、大人になってもお金とは縁がないです」という声が非常に多く寄せられます。

冷静に見れば、子どもの頃にそういわれたからといって、大人になってまでわざわざ引きずらなくてもいいのでは、と思うでしょう。しかし**人は、幼少期に聞かされた言葉が価値観になり、大人になってもその価値観どおりに人生を送ります**。

子どもの頃、ピアノを習いたくて親に話したら、「お金を出してまで習う価値はない」「お金がないから諦めて」といわれて育った女性がいるとしましょう。

その女性は「私はピアノを習う価値のない人間」という傷ついた心を持ったまま大人になります。

親はなにも子どもを傷つけようとしていったわけではないのですが、子どもの無垢な心はいわれたままの言葉を脳裏に刷り込んでしまいます。クラスにピアノを習っている子がいれば、「私は彼女よりも価値のない人間なんだ」と劣等感さえ覚えるようになります。

このような**心理的ストレス（=トラウマ）は、成長してからも潜在的に物の見方に影響する**ようになります。

さらにいうと、日本語には「もったいない」という独自の言葉があります。

他国から見ればこの「もったいない」の精神は省エネやエコにも繋がり、賞賛される面もあるのですが、日本でこの言葉が使われてきた背景には「贅沢は敵」とか「質素なほうがいい」とかいう意味合いも含まれていました。

時代が変わった今でこそ、女性ものびのびと活躍できる社会になりつつありますが、かつては全くそうではありませんでした。

こうした時代背景に加え、バブル崩壊後の不景気真っ只中で子ども時代を過ごした人は、お金を使うことに対して潜在的に抵抗感を持っている場合が多いのも事実です。

社会に出てから、あるいは結婚して家庭に入ってからも、お金を使う際には無意識に「私に使うお金はもったいない」「そんなお金があったら貯金しておこう」「自分にお金を使うのは家族の中でも最後に……」といった優先順位を立てがちになります。

それを疑う意識がないまま、お金とは縁のない生活を送ることになるのです。

40代以上の女性に限らず男性や20代の若い層でも、**幼い頃から家庭内で「お金がない」と頻繁に聞かされて育った人は、これと同じことが起きます**。

「先祖代々までお金に呪われる」とは怖い言い方ですが、金運を引き寄せるための本書としては、**こうしたお金に対するメンタルブロックはまさに「呪い」と呼ぶに相応**

しいでしょう。

お金の呪いが解けないと金運ハウス化は不可能

心理カウンセラーの妻によると、「お金が欲しい」と思う気持ちとは裏腹に、先に触れたトラウマによるメンタルブロックのせいで、なかなか金運が巡ってこない人も少なくないそうです。この呪いを解かなければ、どんなに片付けてもどんなに家相が良い家に整えても金運ハウスにはなりません。

住んでいる家に金運を呼び込むには、あなた自身がお金との関係性を健全に保つ必要があります。

あなた自身とお金との関係性とは、現在、貯金が多いとか少ないとか、収入が多いとか少ないとか、借金があるとかないとかいうお金との物理的な関わり方の話ではありません。

あなたの中に存在するお金の見方そのものであり、潜在的な意識の話です。それを見直してみて、そこにメンタルブロックがあれば取り払っていくことで健全化することができます。

お金が入ってくるようになったとしても、お金との関係性が悪ければいい状態が長くは続きません。

私はこれまでに、120件の住宅設計や施設設計を手掛けてきました。家づくりにおいては、個人のお金が大きく動き、その単位は数千万円から数億円に及びます。そこで、このような大きな金額をかけても態度が全く変わらない人もいれば、「自分がクライアントだ！」と豹変するような人も出てきます。そして豹変する人のプロジェクトは、最終的にはいいものにはなりません。

このような数々の例を見ていると、金額が大きくなるほどお金は人を狂わせることがあると感じざるを得ません。

ですからお金にコントロールされないようにするという意味でも、精神的にお金と健康的な関係を築けているかが大切なのです。

お金の呪いを具体的に解くパワークエスチョン

これから、**あなたの金運を低迷させるメンタルブロックを外す方法**を紹介します。次の二つのパワークエスチョンに答えてください。メンタルブロックがあれば、そのトラウマの原因を見つけ出すのに役立ちます。

できれば一人のとき、時間に余裕があるときにじっくりと考え、回答してみてください。

Q1．あなたの年収の約20倍の、思いがけないくらい大きな金額のお金が、現金で手に入りました。このお金に対して不安に感じることはありますか？

回答が意味するもの

お金との関係性が健全でない場合、「誰かに嫉妬されるかもしれない」「お金の存在を人に知られるとたかられそう」「盗まれないかと心配」「気が気でならない、眠れなさそう」といった不安を感じます。
あなたの回答はどんなものでしたか？

Q2. あなたにとってお金とは何ですか？ 思いつく限り、箇条書きにして全部書き出してください。

回答が意味するもの

不安を解消してくれるもの、あればあるほど嬉しいもの、ありすぎると逆に不安になるもの、なくては困るもの、パワー、権威力、仕事の対価、感謝の対価、便利なツール……など、お金に対する概念は人それぞれです。

回答を書き出した後は、書き出した言葉の中でネガティブな言葉がないかをチェックします。もし、ネガティブな言葉を見つけたら、次にやるべきことがあります。それは「なぜそのように感じているのか？」をさらに突き詰めて書き出すことです。
たとえば、「お金がありすぎるとめんどうだ」というネガティブな言葉が出てきたとします。なぜ、自分はそう考えるのだろうか？　それを紙にできるだけ多く書き出してみるのです。紙に書き出していくと、自分でも驚くほど、お金に対して色々な思いがあることが見えてきます。

「ああ、そういえば、祖父母の遺産相続で両親や親戚がもめていたことがある。自分の身の丈以上のお金が入りそうになると、人は豹変するというのをあのとき肌身で感じた。だから自分はお金がありすぎるとめんどうと感じるんだな」

と、こんな思いかもしれません。

できるだけ時間を取って自分自身と向き合い、紙にたくさん書き出すことで、このようなメンタルブロックに気づけることがあります。

十分書き出したと思ったら、その内容を俯瞰して読み返しながら、自分自身がお金に対して感じている〝本当のところ〟を探ってみてください。

そこでメンタルブロックが見つかっても、自分で納得して終わり、ではありません。

お金にどんなイメージを持ってる？
パワー
権威
社会的評価
すごくかっこいいけど
高いしオレには似合わないな…
¥40,000-
自分の価値
ただの物との交換手段？
習い事がしたい！
お金がない
…。
幼少期の記憶がトラウマになって…
私に使うお金はもったいない
かわいいけど…
金運アップの妨げになっているかも…
あなたにとって「お金」とは一体何か？
深掘りして考えてみよう
とっても大事!!

ここからのステップが重要です。

「もう、そう思わなくていいよ」と自分に言い聞かせながら、書き出した紙をぐちゃぐちゃに丸めてゴミ箱にポイッと捨ててください。気分が少しスッキリするはずです。もちろん、それだけで長年にわたってがんじがらめになっていたお金へのメンタルブロックを簡単に外せるわけではありません。

このステップを何度も「儀式」として繰り返すのです。


週に一度ぐらい、定期的に同じ質問を自分に投げかけて、そのときの気持ちで正直に書き出してみましょう。ネガティブな言葉が出てきたら、また突き詰めて考えて「これは自分の中にあるお金へのメンタルブロックだ」と認識します。そして丸めてポイッと捨てちゃいましょう。

おまじないのようなものですが、**興味深いことに、こうした儀式を繰り返して2、3カ月経つ頃には、お金に対する概念がガラリと変わってきます**。潜在的な概念とは、繰り返し行う行動によって上書きされていくものだからです。

金運に恵まれた人がいう「お金の色」とは？

私の周りの金運に恵まれている人たちが共通して口にすることがあります。**それは「お金の色」についてです**。

不思議といつもお金の回りがいい経営者や資産家たちと話していると、「あなたのところに流れてくるお金の色は何色？　あなたは周りにどんな色のお金を流しているの？」「キレイなお金の色をしたもの以外には手を出さないほうがいいよ」という話になることがあります。

金運に恵まれている彼らのそういった話を初めて聞いたときは、何をいっているのか分からなくて、ポカ〜ンとしてしまいました。

しかし彼らと会話をしていくうちに、実際のお金の色合いや見た目でお金がキレイとか、汚れているとかいっているのではないことが分かりました。**そのお金の流れにはどのような「感情」がこもっているかということだったのです**。

自分に入ってくるお金が人に安心や平安な気持ちを分かち合う流れできているの

か？　それとも、人の不安を煽った結果、巻き上げているお金なのか？　別の言葉でいえば、**お金を物体ではなくエネルギーとして見たときに、どんな色をしているか**という意味だと私は解釈しました。

次のイメージを落とし込んだことで、彼らが話す「お金につく色」のイメージが湧くようになりました。

汚いお金の流れは……

- 不安
- 恐れ
- 嫉妬
- コントロール
- 安直な考え
- 損得感情

などから生まれます。

それに対して、キレイなお金の流れは……

- 感謝
- 愛情
- 信頼構築
- 挑戦
- 寄付

などから生まれます。

このお金の色を見る感覚を高めることは、金運を高める上でも非常に重要です。

お金は多ければ輝いて見えて、少なければくすんで見える、という単純な話ではありません。

たとえば、ギャンブルや宝くじに高額当選した人たちが得るお金の色は何色でしょうか?

一見すると、誰もが羨む夢を叶えたイメージで、輝いて見えるかもしれません。でも、そんなお金を手に入れた人たちの末路を聞いたことがありますか？

実際に、宝くじに当選した人たちのその後を追跡したデータがあります。意外にも、その多くが、数年後に自己破産、家族崩壊、詐欺被害に遭う、親戚にたかられて人間関係が崩壊し孤独になる、といった不穏な状況に陥っています。鬱になって最後は自ら命を絶ってしまった人もいます。


大金を手にしたからといって、必ずしも幸せになれるとは限らないのです。

こうした出来事と紐付けてお金の色を連想すると、どす黒い色、限りなく黒に近い赤色など、キレイとはいえない色に思えてくるのではないでしょうか？

大金を手にしたがゆえに不幸になってしまう人にも、お金へのメンタルブロックが働いています。**お金は手にする人の根底にあるお金に対する概念により、不幸な出来事を呼び寄せてしまうこともある**のです。


一方で、子ども食堂のような社会的意識の高い取り組みへの寄附金や、クラウドファンディングで集まってくるお金などもあります。こうしたお金の色をイメージし

金運に恵まれている人は お金に色のイメージを持っていた

たときに、キレイな色に見えてくるのではないでしょうか。

これを期に、あなたのところに流れてきているお金の色、あなたが周りに流しているお金の色をイメージしてみましょう。毎日使っているお金や、銀行口座に眠っている貯蓄にも色をイメージしてみてください。

もし、くすんでいたり、汚れたりしているイメージが湧いてくるなら、少しでもキレイな色に変える意識を持ちましょう。

棚ぼた的に「臨時収入」が入ってくる本当のメカニズム

棚ぼた的に入ってくる臨時収入に興味はありませんか？

「お金を手に入れるには、できるだけ煩わしくないほうがいい」

これはもっともな話で、そう感じている人は多いと思います。

実際に『幸運すまいチャンネル』でも金運の話をすると、「臨時収入」などの棚ぼた的なキーワードに人気が集まります。

その気持ちは分かります。棚からぼた餅、すなわち「棚ぼた」は、労せずお金が手に入ると思っているからでしょう。

ただ、金運は棚ぼたも含め、「手っ取り早くお金が手に入る」ようにはできていません。

実は、この棚ぼた的な収入に関しても一つ分かってきたことがあります。それは何かといえば、「**棚ぼたは、ぼた餅が落ちる寸前まで来ていたから落ちてきた**」ということです。

住まいを通して〝運気〟を研究してきた一人として、もう少し具体的に話をしましょう。

たとえば、あなたが職場などで人知れず、周りの人の幸せのために尽力していたとします。家庭で人知れず、掃除を頑張っているのも同じです。これをやり続けると、運気のぼた餅は徐々に棚の端に寄っていきます。

でも、決定打がないためなかなか落ちてきません。それでも、普段から人知れず尽力して周りの人のための行いをしていると、クレーンゲームのようにぼた餅は落ちるぎりぎりまでやってきます。

そして最後には、福の神が下駄を履かせてくれるかのごとく「陰徳の貯金」の力が働き、ぽとんっと臨時収入が入ってくるのです。

陰徳の貯金については、前著『開運ハウス』でお伝えしましたが、陰ながら、人のために尽くすことがポイントです。

友人の起業家コンサルタントに話を聞くと、近年、お金を得るのに「人間関係を作らずに労せず流れを作りたい」という風潮がかなり強いようです。

短期的にはそれで成功することがあるかもしれません。しかし、金運をアップさせて永続的に良い流れを作り出すには、それではうまくいきません。

なぜかというと、**金運は人間関係で育んだ「信用」の分だけ流れてくるようにできているからです**。

これまで多くの成功している経営者に話を聞いてきました。誰もが「信用」がお金を生み出すと口をそろえていいます。

金運は…
人間関係で育んだ信用の度合いで決まる!
金運アップには
「人との繋がり」が大切
信用
信用を積み重ねると
お金が集まるようになる
「家相」による金運アップの法則も、
人を呼び込むこと
たのしい!
交流を深めること
を、意味している
へ〜
とっても
大切!

あなたがお金に困ったとしましょう。そのときに「返さなくてもいいから、あなたの人生を立て直すために使ってください」といってくれる知り合いは周りにどれくらいいるでしょうか？

あなたが叶えたい夢があったとします。それを叶えるためにはある程度の資金が必要だとします。そのときに「このお金を使ってください。私も応援させてください」といってくれる知り合いはどれくらいいるでしょうか？

あなたがこれまで信用を積み重ねてきた分、神様がピンチをチャンスに変えてくれます。

興味深いことに、**日本の風水である家相も、ひもとけば「金運は人間関係を育んだ信用の度合い」といっています**。

風水といえば、「西の方位をキレイにすると金運がアップする」というような話をよく聞くと思います。実はこれ、風水ではなく家相からきているのですが、ずいぶん内容をはしょったものになっています。

「西の方位＝金運」ではなく、「西で人との楽しい交流を図ると吉」という概念が家相には根底にあります。**人との楽しい交流が信用を生み出し、そこからお金の流れがどんどんやってくる、ということを示唆している**のです。

結局、金運というものは人間関係に基づいてやってきます。これが家相を用いて金運ハウスに導く秘訣なのです。

金運に恵まれた幸せな80代の方々が口をそろえていうことは？

日本において、2023年の平均寿命は、男性が81・09歳、女性が87・14歳となっています。また、80歳まで生きるとほとんど100歳近くまで生きるといわれるくらい、人生100年時代が到来しています。

「老後2000万円問題」はすでに古くなりつつあり、今では老後を楽しく過ごすためには70歳から90歳の20年間だけでも3800万円必要というデータがあるくらいで、2000万円どころの話ではなくなってきています。

さらに、年金の支給額も今後どんどん減っていくことは明白です。

社会情勢からお金の話題に入ると、なかなか明るい話にならなくて恐縮ですが、この課題をクリアしていくためには、前の章で述べた**先を見通し「未来をイメージする力」**が重要になってきます。

続いて、人生100年時代における金運が上がる人とそうでない人の違いを見ながら、家と金運についての理解を深めていきましょう。

これまで70代や80代の人生の先輩に、「人生を楽しむためにどんなことを押さえておくことが重要ですか？」という質問を積極的にしてきました。口をそろえておっしゃる答えは、ズバリ、「健康でいること」でした。

尊敬する80代の方に次のような話を聞きました。

「八納さん、最近身に染みて感じるのは、体力の回復に時間がかかるということだよ。僕は車が好きで、F1レースだけは夜中に起きて見ることがあるのだけど、さすがに寝不足で翌日ぐったりしてしまってね。若い頃は一晩寝れば元気になっていたけど、今では体調が戻るのに1週間はかかるよ。歳を取れば取るほど、自分の体と丁寧に付き合わないといけなくなるよ」

暴飲暴食する仲間が60歳前後にバタバタと倒れていった経験をお持ちで、健康でいることがすべてにおいて財産だといっておられました。

さらに話を伺うと、多くの人が50代までは健康かどうかに対して意識が向かず、60代になっても無理が利くので無茶をやってしまい、気づいたら体がボロボロになってしまっているとのことでした。私はこの本の執筆時点で50代半ばですが、少しずつ、これを肌身で感じています。

人生100年時代、金運が上がる人の根本は「できるだけ健康体を維持すること」にあるといっても過言ではないでしょう。

「そんなことといわれても、今、持病で苦しんでいます。そういう私には金運はやってこないのでしょうか?」

『幸運すまいチャンネル』にこんなコメントをいただいたことがあります。ここでお伝えできるのは、「1㎜でもいいので今の状態から健康になる意識を持って過ごしていただきたい」ということです。

改善する意識、行動が金運を高めてくれるきっかけになります。そのためのポイントは、**睡眠、食事、運動**です。

とても当たり前のことを書いているので新鮮味のない話でしょう。しかし、金運を高める上でもこの3つは重視しなければいけません。

現実問題として、不健康になれば医療費が莫大にかかります。厚労省の「平成22年度医療費の動向」によると、70歳以上の医療費は年間79・3万円にも上ります。月換算で6・6万円です。

医療費がかさむことで、「収入<支出」になってしまえば本末転倒です。健康を維持しながら医療費を軽減することが、金運を高めるために非常に重要なのです。

とりわけ食事は健康に直結します。私も知人のドクターに聞いた知識で、グルテン・砂糖・植物性油・乳製品、食品添加物はできるだけ摂らないように気を遣っています。

グルテンは主に小麦に含まれていて、依存性があるので肥満に繋がりやすく、体質によってはアレルギーの原因となることで知られています。何も意識せずに食事をしていると、そのほとんどが小麦でできているので過剰摂取になってしまいます。

たとえば、朝はトーストを食べて、昼はうどん、夜はパスタとなると小麦まみれになります。食品添加物を避けるためにコンビニ食品や外食もなるべく避け、生鮮食品を買って家で調理して食べるのが一番だと思っています。

お金持ちほど徹底して「寝室」にこだわる理由

私は普段、家づくりの設計においてぐっすり眠れる寝室を探究すべく、睡眠に関してかなり研究してきました。そこで得た知識として、多くの日本人が知らない事実をお伝えします。それは、**先進国の中でも日本人が一番、短眠だということ**です。

平均睡眠時間は、アメリカが8時間51分。フランスが8時間33分。イギリスが8時間28分に対して、日本は7時間22分です。
本書を読んでいる人の中には、毎日6時間ぐらいしか寝ていない人も多いのではないでしょうか？

睡眠不足になると、万年二日酔いと同じ脳のパフォーマンスになるともいわれています。短眠であることを競い合うような風潮が日本にはありますが、それはとんでもない間違いです。

なぜなら、睡眠時間が1日6時間未満でも健康上問題ないとされるショートスリーパーは、カリフォルニア大学の研究グループが2019年に発表した論文によれば、10万人にたった4人、割合にして0・004％程度しかいないからです。それ以外の人にとっては、**短眠は単に命を削る行為そのもの**です。

短眠自慢をする人たちがいる一方で、眠りに人一倍貪欲で、睡眠の質に対して意識の高い人たちがいます。それは、本書のテーマである金運の高い人たちです。
あなたは、ぐっすり眠れることにどれだけ貪欲でしょうか？

人生100年時代
金運アップの秘訣とは…？

体調不良や
病気になる

体をメンテナンス
膨大な費用かかる

「健康でいること」
金運アップに欠かせない

睡眠や食事など健康を維持するために

「家」は重要な
役割を果たす

快適でない住まいに
住んでいると健康を損なう

寝室のカーテンを替えるなど
ちょっと工夫するだけで変わります

お金持ちになる人ほど、良質な睡眠がとれる寝室にこだわるのは、良質な睡眠が心身を整えて最高のパフォーマンスを引き出してくれると知っているからです。

ホテルなどに泊まりに行くと、真っ暗にできる仕様の部屋があります。真っ暗にできる部屋で寝たことがある人は実感があると思いますが、明け方までぐっすりと眠れます。

誰もが名前を知っているある有名な経営者は、出張先の各地で泊まる定宿のホテルは完全に真っ暗にできるようにすべて手配していて、どんな時間帯でもぐっすり眠れるように対策をしています。

眠りは365日、毎日のことです。良質な眠りへのこだわりは健康への投資です。自宅の寝室にちょっとした工夫をするだけで、今より眠りの質を格段に良くすることができます。

たとえば、寝室のカーテンを「遮光1級または暗幕カーテン」に替えたり、部屋の仕様を入眠しやすい空間に作り替えたりすれば、熟睡の度合いが変わります。

起床時に前日の疲労感を引きずっていれば、朝から憂鬱な気分になってしまいます。反対に、スッキリと目覚めることができれば、起きてすぐにでもはつらつと行動できるようになります。

寝室環境を整える具体的な方法については、後の章で詳しく紹介します。

まずは金運を高める上で、こうした**健康に配慮した環境に整えることは、非常に重要な投資になる**と知っておきましょう。

場所に意味を持たせて自宅で仕事がはかどるスペースを作る

コロナ禍以降、Ｚｏｏｍなどのオンラインテレビ会議システムを使って会話をしたり、ビジネスをしたりする人が増えました。ワーク・ライフ・バランスの推進によりテレワークも浸透する昨今、家が職場となった人も多くいます。

コロナ禍のあおりを受けて収入が減った世帯が多い中で、私の周りでは、オンラインを利用して逆に収入が増加した人が30人以上いました。オンラインビジネスを立ち上げた主婦が、月間7桁の売り上げを上げるようになった例もあります。

こうした人たちはまさに、金運ハウス化に成功したのです。

その一方で、自宅が職場となった人からはこんな声も聞こえてきました。

「家で仕事するのってついダラダラしちゃって、集中できません」

「家だと制限がなく仕事ができてしまい逆にプライベートがなくなった気がします」

仕事の能率が上がったという人もいれば、こうした理由で家で仕事をするスタイルにうまく馴染めない人もいるようです。

そこで質問です。

あなたは家の中で過ごすとき、「ここは○○する場所、あそこは△△する場所」などと場所に意味を持たせているでしょうか？

これは、食事をするところ＝ダイニング、料理を作るところ＝キッチンというような間取りの役割も含みますが、ここでお伝えしたいのは、金運を上げるための意識改革についてです。

懇意にしている友人の30代の女性は、20代のとき400万円の借金を抱えていたところから起業して、今では経済的自由のある生活をしています。一体、彼女に何があったのでしょうか？

「私は普段、家で仕事をしています。あの部屋は私にとって職場、この椅子に座るとクリエイティブな考え事ができるというふうに、自宅の場所毎に意味を持たせるようにしてから、仕事が捗り、どんどん夢が叶うようになりました」と彼女がいうのです。

「場所に意味を持たせる」ことは、住まいの潜在能力を引き出すパワフルな方法です。

『バガボンド』や『スラムダンク』で有名な漫画家井上雄彦さんは、ネームを考えるときに、7つぐらいのカフェを行き来してアイデアをひねり出していたそうです。「普段はこのカフェ、でも、本当に困ったときの頼みの綱のカフェはあそこ」というふうに、場所に役割を持たせていました。

また、知り合いの著名人は、「人と初めて会うときは最高の第一印象にしたいから、最高の場所を選んでいる。たとえば、赤坂のホテルニューオータニの『なだ万』で、相手に庭園が見える席に座ってもらう、とかね」といっていました。

こうして場所に意味を持たせる方法はさまざまな場面で効果を発揮するのですが、なぜか多くの人は、家の中でこの力を活用していません。

家の中でも、こんなふうに場所に意味を持たせることができると思いませんか？

「ダイニングのこの椅子に座ったら、クリエイティブになれる」
「あの部屋に入ったら、仕事モードになる」
「このソファーに座ったら、リラックスモードでボーッとする」

私も、家づくりのアイデアを練る際にはあの机というふうに、家の中でも場所に意味を持たせています。

執筆の際は外出して、一般の女性目線のイメージを組み込みたいときはファミレス、富裕層の気持ちを汲んだ内容を書くときは高級ホテルのラウンジやリゾートホテル、新幹線のグリーン車などと作業によって場所を使い分けています。

そうすると自動的にその状況に相応しいスイッチがオンになって、仕事がとてもは

家の中で「場所に意味を持たせて」過ごしていますか?

この部屋に入ったら仕事モード

このソファーに座ったらリラックスモード

テレワーク浸透により自宅で仕事する人が増えた

仕事は金運に直結する
家で仕事をはかどらせるためにスペースを整えよう

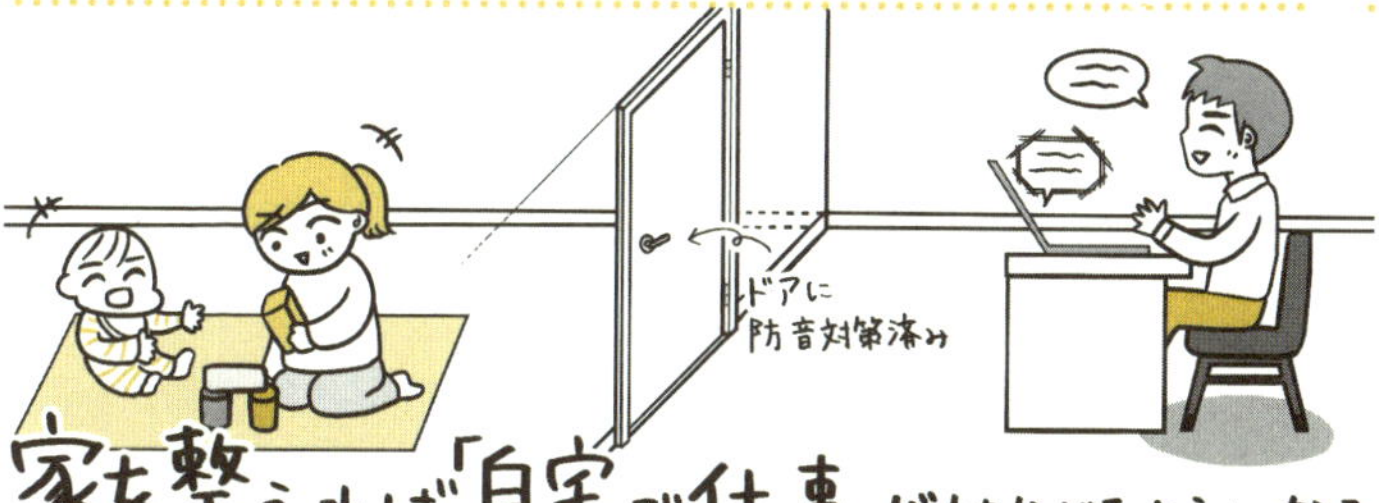

家を整えれば「自宅で仕事」がはかどるようになる

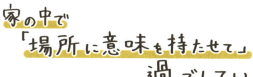

かどるのです。

仕事が終わった後も、家の中のそれぞれの場所にこんなふうに意味を持たせれば、最高の金運ハウスに一歩近づけます。

「玄関は、外で身にまとわりついたネガティブエネルギーを払い落とせる入り口」
「お風呂は一日の疲れを癒せる極上のスパ」
「リビングのあのソファーは、座るとリッチな気分になれる場所」

これを意識し始めると、同じ家でも、これまでとは全く違う感覚を味わえます。人生100年時代の金運ハウス化にとって、非常に重要な視点にもなっていることを知っておきましょう。

第 3 章

金運ハウスにするための5つの鍵

どんどんお金が入ってくる人がやっている共通点を知る

いよいよ、あなたの家を金運ハウスにしていくための話をします。

これから話す5つの鍵は、**どんどんお金持ちになっていく人たちが意識的に取り組んでいて、一般の人ほどその認識が低いものが多いのが特徴**です。逆にいうと、これらを意図的に取り組めば、住まいはあなたの金運を高めるサポートをしてくれます。

戸建てや持ち家じゃないとできないという項目はありません。今住んでいる家がマンションでもアパートでも、間取りの小さい賃貸の部屋でも実践できます。しかもこれから紹介する5つは、**お金持ちがお金がなかった時代から意識していた傾向がある共通項目**なのです。

それでは、5つの鍵を見ていきましょう。

鍵その1 玄関を徹底的にキレイにする

玄関は住む人がどう思うかよりも訪れる人がどう感じるか？

どんどんお金持ちになっていく金運ハウスに住んでいる人たちの特徴の中で、共通している一番の項目は「**整った玄関**」です。

また、家相で玄関は最も重要視されています。

玄関の状態は、金運と直結しています。もっといえば、**玄関はあなたや家族の象徴**です。実は、金運の高い人ほど、他人の玄関をさりげなく、じっくりとチェックしています。

「玄関の使い方で、その人の人格や住んでいる家族との関係性がすべて分かる」という人もいましたが、これに私も深く頷きました。

まず玄関は、人を迎え入れるはじめの場所であって、その家の印象が決定づけられる場所です。これは自宅もそうですし、会社を経営している人の場合はオフィスのエントランスがそれにあたります。

家族関係がうまくいっている家の玄関は、清潔感が漂っていて、かつ人に対してウェルカムな雰囲気が演出されています。それに対して金運とほど遠い家の玄関は物置のようになっていて、人生で先延ばしにしている問題が山積みで無気力化を促しています。こうした状態からは、人を迎え入れることをまるっきり考えていないこともうかがえます。

玄関については個別の状態からインテリアにいたるまで、これまで多くの検証を繰り返してきました。『幸運すまいチャンネル』の視聴者の方々にも実践してもらい、家相についての解釈も深めてきました。

大事なことなのでもう一度いいますが、玄関は、そこに住む人（オフィスなら働く人）すべての象徴として見られます。

良い玄関と悪い玄関の違いをシンプルにいい表すなら、「訪れる人をいい気分にさせるか、そうでないか」です。

良い玄関とは物が少なくスッキリとしていて、見る人に清々しい印象を与えます。逆に、足場がないほど物で溢れているような玄関は、見る人を不快にさせます。

玄関のインテリアにおいても、見て気持ちがいいものか、そうでないかを基準に選んでください。

たとえば、風水や家相では、玄関にはく製やドライフラワーを置くと凶といわれています。外から入ってくる生気が吸い取られるからという説が広がっていますが、私はそれよりも、**「見る人が不快に思うかどうか」という部分が根底では大事だと考えています**。

ドライフラワーでも、見た目がキレイで、訪れる人に「わぁ！　素敵」と思わせるものなら問題ありません。しかし、そのドライフラワーが埃をかぶっていて、不気味に見えるようならどうでしょうか？　想像がつくと思いますが、気持ちのいいものではありません。

はく製も同じ理由で、訪れる人に不安を与えやすい印象から一般的にNGと考えています。

ポイントは、**住む人がどう思うかよりも、訪れる人がどう感じるか**です。

ちなみに、家づくりにおいては、玄関の性質を利用して意図的に権威を感じさせる玄関に仕上げることもあります。訪れる人に高圧的な印象を与え、緊張させ、招き入れて応接室に通す頃には、家主の話を優位に進められるような演出を希望するケースです。

これはあまり悪用されたくないのですが、**玄関はそれくらい、人の第一印象を決定づけて人を操作することも可能な場所**だということを覚えておいてください。

訪れる人に不快感を与えない下駄箱とは？

では、金運を高めるために家の玄関は、具体的にはどうすればいいのでしょうか？繰り返しになりますが、**とにかく無駄な物を置かずにスッキリさせること**です。

玄関の土間部分には極力靴を出さないようにしてください。傘やレインコートなどの雨具は、利便性から玄関に置きっぱなしになりやすい物ですが、極力下駄箱にしまって、露出したままにしないようにします。

郵便受けに郵便物が溜まっていたり、土間やホールに床置きの荷物があったりするのもNGです。

「玄関」は家相において最も重要な場所!

そして、下駄箱です。

訪れた人にとって不快感がない玄関にするには、下駄箱を開けたときも清潔感が保たれているようにしてください。

土間はすっきりと片付いていても、下駄箱を開けたら靴がぎゅうぎゅう詰めになっていたり、イヤな臭いが漂っていたりしないでしょうか？

下駄箱の臭いは、靴に繁殖した雑菌が原因です。靴が雑菌の温床にならないようにするには、出先から帰ってきて脱いだばかりの靴はすぐに下駄箱に入れず、少しの間、土間に置いて湿気を取り除いてから片付けるようにしてください。

これに加えて下駄箱の脱臭と除湿も欠かせません。下駄箱の脱臭と除湿のシートは１００円ショップなどでも売っていますので、それを敷くなりして対策をしましょう。

また、靴の収納は、つま先を手前にして入れるのが美しく見せるコツです。靴の販売店でも陳列はそのようにされています。ただし、汚れた靴では見栄えしませんので、合わせて靴の手入れにも気遣ってみてください。

物が溢れないようにする工夫も大切です。**下駄箱に収納する物は収納能力の8割程度に留めて、少し空間に余裕があるようにするのが理想的**です。シーズンオフの靴は別の場所に保管するなどし、下駄箱に常時ある靴の量を調整しましょう。

見た目と合わせて意識を注ぎたい玄関の聖域化

人は、見た目ともう一つ、第六感というべき直感でその場を感じる力があります。

「この玄関、キレイに見えるけど、なんだか少し違和感があるな……」

そう感じさせてしまうと、せっかく整えた玄関も台無しです。ところで、この違和感とは何なのでしょうか？

それは、**空間にこもっている「気」**だと私は考えます。

でも「気」って、一体何なのでしょうか？

これについては、私の体験に基づいてお話ししたいと思います。私は20代の頃から、世界中の建築を見て回る旅をして、たくさんの建築を肌身で感じてきました。とりわけ印象に残っているのは、有名な宮殿を見に行ったときのことです。

ある一角を見て回っていると、急にめまいがし始めました。一方通行路で戻ることができなかったため、体調の悪さを我慢しながらその一角を通り過ぎたのですが、その後、ぐったりしてしまったのを覚えています。見学後、その宮殿の平面図を見て知ったのですが、その一角は昔、牢獄や拷問室だった場所でした。

それからも、同じように気分が悪くなる感覚を覚えた場所がいくつかありました。調べてみると、そんな場所は決まって過去に闘技場として使われていたり、多くの人が虐殺された場所だったりと不幸な出来事が起きていたのです。まるで、**その場所でかつて誰かが感じた無念さ、理不尽さなどの感情が空間に蓄積されていて、訪れる人にまでその感情が共有されている**ように思いました。

もしかしたらあなたも似たような経験があるかもしれませんが、日本の全国各地にもそういった場所が存在します。

話を元に戻しましょう。玄関の見た目を整えたとしても、「気」が整っていないとこうした違和感が生じます。もし玄関の手入れをしてもまだ、気が悪いと感じる場合は、あとに紹介する「匂いを変える方法」や「空間の浄化」を実践してみてください。

玄関の気を整える上で参考にしたいのは、「早朝の神社の気」です。実際に近くの神社に行って、朝一番の気を感じてみてください。清々しい感じがすると思います。

興味深いことに、夕方ぐらいに神社に行くと、その日一日、訪れた色々な人の感情のエネルギーが蓄積して、朝ほどの清々しさを感じなくなることがあります。

神社のような玄関の聖域化を目指しましょう。

鍵その2 謎の物体Xを徹底的に排除する

なぜガラクタを家に置いておくといけないのか？

お金持ちの家にはほとんどなくて、一般の家には過剰にある物があります。

それは不要な物、いわゆるガラクタです。壊れた電化製品、放置したままのベビーカー、使わなくなった健康グッズ、乗らなくなった自転車やバイクなど。なんとなく捨てられないまま、それらの物が我が物顔でスペースを陣取っていませんか？

実はガラクタは、強烈なネガティブエネルギーを発する原因になっています。家の中にガラクタがあればあるほど、運気が低迷しやすくなります。

というのも、**ガラクタがあると、それを見ることによって、自分たちの感情がネガティブになっていく**からです。ガラクタがネガティブエネルギーを発しているというより、ガラクタに埋もれて暮らす人たちがネガティブエネルギーを発するようになる、といったほうがいいかもしれません。

ネガティブなエネルギーは、金運を呼び込む妨げになります。

実際に、景気のいいお金持ちの家に行くと、ガラクタが少なく、家の中にある物はどれも意識的に置いている必要な物ばかりです。さらにいえば、愛情を込めた物だけを置いています。

お金持ちの家は床面積が広い傾向があるにもかかわらず、一般の家と比べても物の数が少ないのが特徴です。

片付けコンサルタントの方に話を聞くと、**一般の家には約20000点も物があるのに対して、お金持ちの家には7000から8000点くらいしか物がない**そうです。

意外に思うかもしれませんが、お金持ちほど物を持たないのです。

これに当てはまらない例外もありますが、お金持ちは物に対して「大切に扱う」「持っている物に意味を持たせる」感覚が強い人が多いことから、こうした傾向があるのだと思います。

お金持ちになっていく人たちは、こうした感覚が強いからお金持ちになっていくのであって、お金がなかった時代からこうした感覚を持っていることがポイントです。

■「いつか使う物」を溜め込むとかかってしまう呪いとは?

380万部のベストセラー作家で『一生、運がよくなり続ける!「そうじ力」ですべてうまくいく』(三笠書房)の著者の舛田光洋さんと、YouTubeで対談をして興味深い話を聞きました。それは「いつか使うだろう物」があなたにかけている呪いです。

あなたの家に「いつか使うだろう」と思って、長い間ストックしている物はありませんか? **それらはあなたの潜在意識に、ボディーブローのようにダメージを与えている可能性があります**。

その理由は二つあります。

一つは「いつか使うだろう」と思っている根拠が不安からきている点です。ストックしておかないと、必要なときになかったら不安という心理が働いているのです。

いつか使うだろうと思って、それを持っている限り、その不安はずっとなくならないのです。まさに、あなたが不安になり続けるための呪いのようなものです。

そしてもう一つ。「いつか使うだろう」という思いで持っている物は、3年後でも5年後でも、「いつか使う物」としてあり続けて、それを使うことが一生ないというジレンマに陥ることです。

いつか着るぞと思って持っている洋服や、世界旅行に出るために買った大きなスーツケース。それらが、逆に**未来永劫「いつか叶える」という暗示をかけてしまい、夢で終わらせてしまう**のです。これも非常に怖い呪いです。

不要なガラクタや、「いつか使うだろう」と思って長年ストックしてある物。それ

"謎の物体X"を
徹底的に排除する
"謎の物体X"とは…
└自宅でネガティブなエネルギーを発している物のこと
「いつか使うかも…」と捨てられない物体のことを指す
たとえば
埃をかぶっているガラクタ
七味
賞味期限切れの食品
ボロッ
修理すれば使えるかも…
壊れてしまった電化製品
先代からとっている不要な物
着ることがない洋服
「不安」からストックしている物
使うことのない引き出物
くっ
ぎっしり
これらを徹底的に排除する
スッキリ
その空間が明るくなる

を総称して、私は「**謎の物体X**」と名付けました。

見出しにつけた「謎の物体X」とは、つまり、家の中でこうしたネガティブエネルギーを発している物です。

「謎」の理由は、家の中に当然のごとく鎮座していながら、いつからそこにあるのか分からなかったり、誰の物なのか分からなかったりするからです。

それは、押し入れや納戸、クローゼットの奥、キッチンのキャビネット、冷蔵庫の中など、家の中のあらゆるところに存在します。

謎の物体Xが金運ハウスの妨げになっているとしたら……。あなたは、それでも、まだそれらの物を家に置いておきますか？


ガラクタとまではいい難い、過去にもらって使うことがない引き出物や、親や祖父母時代からある物もあるかもしれません。捨てづらいからこそずっとそこにあるわけですが、見るたびにネガティブな感情が湧き出すので、どうにか処分したいものです。

処分といっても、物によっては必ずしも廃棄しなければいけないわけではありません。喜んで使ってもらえる人に譲ったり、フリーマーケットに出品したり、ネットの中古品売買サイトで買い手を見つけたりと、手放す手段は色々とあるはずです。

■ガラクタが減っても注意しないといけないこと

ガラクタが減ると、家に置いてある物は、自分にとって必要な物や愛情をかけている物だけになってきます。この状態になると、家にいるだけで幸福な気分になれます。今まで物で溢れていた空間に光が射し込んで、これまでとは違った明るさを感じられると思います。

しかし、ここで一つ気をつけないといけないことがあります。

それは、「**愛情をかけている物でも、埃をかぶっていたらエネルギーを下げる**」という事実です。

「埃一つで、そんなに変わるなんてさすがにないでしょう!」という人がいたら、ぜひ一度試しにやって欲しいことがあります。それは「巾木の上部に埃がついていたらそれを拭う」ことです。

巾木というのは、床と壁の取り合いの5㎝から10㎝ぐらいの立ち上がりにある木材のことです。一般的な家では、この巾木の上部が壁から少しだけ飛び出しているケースが多く、意識しないとそこに埃が溜まるのです。

家の中の巾木をチェックしてみて、もしそこに埃が溜まっていたら、ぜひ拭ってみましょう。そのときに埃をかぶっている巾木の状態と、拭った後の状態でその周辺の空間の明るさに違いがないか意識して見てみてください。

『幸運すまいチャンネル』でこれを呼びかけて、視聴者の方にやってみてもらったところ、多くの方から「巾木の埃を拭ったら、その周辺の空間が明るくなった」という声が寄せられました。

埃をかぶるということは不衛生なだけでなく、その周辺の空間を暗くしてしまうのです。

巾木がなければ他の物でも構いません。家の中に埃をかぶっている物があったら、愛情込めてその埃を拭ってください。きっと、周辺の明るさが増して感じられると思います。

鍵その3

家中の空気を浄化し清々しい空気感に整える

■家の匂いがあなたの金運度合いを支配していた！

人の家に行くと、その家の匂いを感じることがあります。

心地よい木の香りが溢れる家の場合もあれば、なんだか鼻につく臭いを感じて、早く立ち去りたい気持ちになることもあると思います。

ところで、あなたの家はどんな匂いでしょうか？

自分の家の匂いなんて感じたことがない、という人もいることでしょう。

確かに、**自宅の家の匂いは住んでいる本人は慣れすぎていて分からなくなりがち**です。もし、あなたの家の匂いがあなたの脳を「快」にするものであれば何の問題もないですが、「不快」にするものであれば、ちょっとマズいです。

なぜなら、**不快な臭いに対して、あなたの脳は常にネガティブな状態になっているのに、その状態をキャッチできないくらい感覚がマヒして慢性化している**からです。

他の場所にいるときはそうでもないのに、家にいるといつも機嫌が悪くなる、気持ちが落ち込んでしまうという人がいたら、それは家の臭いのせいである可能性が高いです。そんな状態なら金運を高める意欲も削がれてしまいます。

自分の家の臭いを確かめる方法は二つあります。

一つは、友人同士で家の臭いを正直に伝え合うことです。

もう一つは、2、3日旅行に出かけて、帰ってきた瞬間に家の臭いを嗅いでみることです。興味深いことに、2、3日家を空けると嗅覚が正常に戻り、家の臭いを嗅ぎ分けることができるようになります。

2、3日閉め切っていたからそのような臭いがするのではなく、ずっとあなたの家はそのような臭いがしていたのだと考えて、認識を改めてください。

家の臭いの大きな要因は、生活臭です。

普段の生活で出る臭いが実は玄関まで漂ってきます。

生活臭の原因は主に、排水口、トイレ、生ゴミ、カーテンや寝具などの布類に染みついた臭いです。

排水口が臭っている場合、市販されている専用の洗浄剤を試してみましょう。

トイレは、尿が便器から飛び出して床に付着したものが臭いの元になっていることも多いので、便器の掃除と合わせて床を徹底的にキレイにしてみてください。クエン酸のスプレーを使うと効果的です。

生ゴミは、常時出る物なので、臭いが部屋に広がらない工夫が必要です。臭いが出そうなゴミは、冷蔵庫の冷凍室に入れて凍らせて生ゴミの日に出す方法もありますし、生ゴミ処理機を導入するのも一つの手です。

カーテンやソファーカバー、寝具などの布類を洗うだけでも、部屋の臭いがずいぶん軽減されます。

臭いに関して特に気をつけたいのは、主に水回りでカビが発生している場合です。カビ臭は脳をネガティブにするだけでなく、実際に健康被害も及ぼします。

また、カビ臭は意外なところからもしてきます。それがエアコンです。

エアコンのフィルター掃除を怠ると、気が付いたらカビがびっしりついていたということも少なくありません。フィルター掃除はできれば1カ月に一度は行うのが理想です。最低でも、シーズン毎に年に4回は行いましょう。

ちなみに、フィルター掃除を1年間しないと、25%電気代が余分にかかるというデータもあります。掃除をしていないエアコンは金食い虫になるので注意が必要です。

多くの人が、臭いの元を取らないまま消臭剤や芳香剤を置いていたりしますが、それはおすすめできません。なぜなら、**臭いが残ったまま香りでごまかしているだけで、脳の「不快」という状況までは取り除くことができない**からです。

家の臭いが気になったら、まずは、臭いの元の徹底除去に努めてください。

最速&簡単に家の臭いを取り除く方法

家のイヤな臭いが気になる場合、**最も簡単に取り除けるのが「換気」です**。

窓を開けて、室内の空気を全部入れ替えるのです。これをするだけでも、脳がクリアになる感覚を得られる人もいます。

「我が家は24時間換気だから窓を開けなくてもいいですよね?」

そのような質問もいただきますが、ケースバイケースのため、YESの家もあればNOの家もあるというのが答えです。

24時間換気の家に住んでいる方で、すぐに確かめて欲しいことがあります。焼き肉やお好み焼きなど、家の中に臭いが染みつきそうな料理を作って食事をしてみてください。

そして、レンジフードや24時間換気で、食事終了後、30分程度で臭いが消えれば、その家は窓を開けて換気しなくてもOKです。きっちりと換気がなされています。それに対して2、3時間経っても部屋から臭いが消えない場合は、その家は、うまく換気ができていません。

この違いは、家の気密性からきています。家の気密性が高ければ高いほど、計画換気がうまくいき、30分程度で臭いが消えていきます。近年のマンションなどの住まいは比較的気密性が高いので臭いが消える可能性はありますが、戸建ての場合は30分で臭いが消える家はほとんどありません。なぜなら、**日本の戸建ての家は気密性の低い家がほとんど**だからです。

ですから戸建ての多くの場合は、24時間換気では臭いを消し去ることが難しいと思ってください。

ここで一つ豆知識です。

もし、これから家を建てる予定があれば、**高気密高断熱仕様**で家を建てましょう。高気密はどれくらいを目安にすればいいかというと、「0・5㎠／㎡以下」にするということだけ覚えておいてください。家を設計してくれる設計士や施工会社に、これを伝えてみましょう。

臭いの原因を取り除いたら行いたい「空間の浄化」

家の中のイヤな臭いの元を取り除いたら、次にやって欲しいのは空間の浄化です。空間の浄化に効果的なのが、「**焼き塩**」と「**ホワイトセージ**」を使った方法です。

これは、古神道の神主から教わったテクニックで、いわゆる邪気払いに使われるものです。

「焼き塩」は、天然の塩を炙ってその香りを部屋の中に充満させ、空間の邪気払いをするという方法なのですが、試していただいた人たちからは「本当に部屋の空気が変わりました!」と、とても好評をいただいています。

「ホワイトセージ」は天然の植物で、同じく燻すことで邪気払いに古くから使用されている物です。

焼き塩とホワイトセージを使った空間浄化の方法は、前著『開運ハウス』で詳しく紹介しています。こちらもぜひ、お読みいただき、空間のエネルギーを高めるテクニックとして活用いただければと思います。

本書ではこれに加えて、さらに空間を浄化する方法として、新しく見出した方法を紹介したいと思います。それは、「**感謝のエネルギーによる空間の浄化**」です。

これは友人の体験談にヒントを得た方法です。

その友人は、世界中を旅することが好きで、出張にもよく出かけています。

彼によれば、旅先の宿泊する場所で、部屋に入るなり「うっ……この部屋、何かいそう……」と不気味な感覚を覚えることがあるそうです。

そんなときに彼は、部屋の扉や洗面台、お風呂、ソファー、ベッドなど、部屋の中のあらゆる物に笑顔を向けながら、「今日からよろしくね、迎えてくれてありがとう～」と感謝の言葉をかけて回るようにしているそうです。

すると、最初に感じたイヤな感覚が薄れて、安心できるようになるとのことでした。

この話を『幸運すまいチャンネル』で紹介したところ、視聴者の方々が実際に自宅でやってみてくださいました。興味深いことに、試した多くの人たちから、その部屋の居心地が良くなったという声が寄せられました。

そこでこう思ったのです。

「**感謝の言葉を口にすると、エネルギーが高まってその場所の『気』に作用するんじゃないか**」

これは先にお伝えした「人の感情がその場所に蓄積する」という話からも腑に落ちる解釈です。

事実、私たちは誰かが発する言葉によって、その場の空気が変わるという体験をし

臭いの元カビ雑菌の温床となるものは?
湿気がこもる場所
排水口
長年洗っていないカーテン
エアコンのフィルター
生ゴミ
掃除するだけでなく悪い気が溜まらないようにするためには「換気」が大事!
気になる場所は…
焼き塩で清める
ホワイトセージを燻す
…などをして、家中の空気を浄化し、清々しい空気感に整えよう!

たことがあると思います。それは、その人から発せられる目に見えないエネルギーが、私たちやその場所に影響している印なのだと思います。

これは空間の浄化にも有効に働くのではないでしょうか？


私が懇意にしている別の友人で、『エネルギーを整える。』（実業之日本社）という本の著者であり、治療家でもある三上隆之さんという方がいます。彼とのやり取りでも、面白い体験をしたことがあります。

私がかけていた眼鏡を指して、彼に「エネルギーが落ちている」と指摘されたことがあります。筋反射テストなどを使いながら私の眼鏡のエネルギーの数値をチェックしてくれ、「普段の使い方が良くないようだ」と彼にいわれました。思い返せば、確かに、眼鏡の扱い方が雑になっていたなと思い当たるふしがありました。

「眼鏡に対してそのことをお詫びして、感謝を伝えてみて」といわれ、試してみました。そして眼鏡をかけ直したのですが、以前よりくっきりと、明るく見えるようになっていたのです。別にレンズを拭いたわけでもないのに……と、とても不思議に思いました。

感謝のエネルギーは、目に見えなくても、きっと存在しています。

あなたも、いつもお世話になっている住まいや部屋に感謝の気持ちを持って「ありがとう」と伝えてみてください。それが空間の浄化に繋がっていくと実感しています。

鍵その4 家の中に大切な人を招き入れる場所を作る

なぜ、大切な人を招き入れる場所が必要なのか?

玄関の聖域化や空間の浄化が済んだら、その次にぜひやって欲しいのが、「大切な人を招き入れる場所を家の中に作る」ということです。

お金持ちになっていく人たちは、自宅や別荘などに人を招いてパーティーをするのが好きです。なぜなら、**金運は人を通じてやってくる**からです。

懇意にさせていただいているヨシダソース創業者の吉田潤喜さんは、人を家に招くのが大好きな方で、私もポートランドとサンディエゴのご自宅に数回遊びに行かせていただきました。

「はじめに」にも書きましたが、ポートランドとサンディエゴのご自宅の両方とも、実は家相が非常に整っていて、「吉田潤喜さんはこれらの家に引き寄せられたんだ」と思いました。

ところで私が、サンディエゴの家に遊びに行ったときのことです。

「KEIちゃん（私のニックネーム）、ちょっとこっちに来てごらん」と声がかかりました。

何かな、と思い吉田さんのところに行くと、突然アメリカで進めたいまちづくりのプロジェクトのことを教えていただき、私にも関わるよう提案いただいたのです。

私はもともと吉田潤喜さんの生き方に憧れていて、どんな家に住んでいるのかなど、色々と拝見したくて数回お邪魔していただけなので、まさかビジネスの話が出てくるとは思っていませんでした。

しかしこのとき、「ああ、手に届かないようなビジネスってこのような場所で話が発展して進むのだな」と実感しました。

実際に富裕層の家づくりをメインにしている設計士の話を聞いたことがあります。

その人は、富裕層の方たちが集まる会合にずっと通っていて、個人的にもお互いを招き合う関係になったそうです。そして懇意になったその先で、家づくりの相談を受けて、それが仕事に発展しているということでした。

富裕層の方たちは、自分たちが実現したいこと（夢や具体的なプロジェクト）に対して、信頼できるその分野のスペシャリストを常に探しています。その情報を手に入れるルートも、信頼できる友人や知人からです。

富裕層の方たちは、普段から信頼関係を育むために会話をしています。


もう一つ興味深い話をします。

キングコングの西野亮廣さんに少人数の広島講演会に来てもらったときに聞いた話です。

「今、ブロードウェイで舞台をするためにニューヨークに通っている」

「分かったことが一つある。それは、世界はどこまで行っても村でしかない」

「ブロードウェイ村、アカデミー賞村、結局その村に入らないと何もできない」

「世界は大きいわけではなく、どこまで行っても一つの小さな村の集まりなんだ」


ここにも大きなヒントが隠されています。

大富豪村、富豪村、不労所得村、実労働村、パート収入村、専業主婦村などがあり、あなたがどこに属したいかで人生は変わってきます。

あなたはどの村の人と懇意にしたいでしょうか？　意図を明確にしましょう。

そして個人的に懇意にしたい人を家に招くことができれば間違いなく、その人との関係性は深まります。

■家に人を招くことに抵抗がある場合どうすればいいのか？

金運を高めるには信頼の構築が大事。だから住まいも外部との関わり合いを大切にする。ここまでで、こうした意味合いを理解してもらえたと思います。

ところが、一定数の方が「家に人を招きたくない」といいます。家はプライベートな空間で、唯一くつろげる場所をなくしたくないと考えているからです。

もちろんその考え方もあります。その場合は、自宅以外の場所で、あなたが主催するパーティーをするのも手です。たとえばレストランなどを貸し切って、大切な人をもてなすのもありだと思います。

また、あなたが家に人を招くのがOKでも、家族の誰かが反対するケースもあります。その場合は、家の中の一角だけ、人を招き入れることを許可してもらえるように家族会議を開いて話し合ってみてください。

これまで、**家に人を招きたいタイプの人と、そうでない人の考え方の違い**について分析してきましたが、興味深いことに、ここでも**子どもの頃の影響**がありました。

たとえば、自営業を営んでいる家庭で家にいつも人が出入りする環境で育った人は、人を家に招くのは自然なことだと思っています。一方で、サラリーマン家庭で育った人は、家に人を招いた経験が少なく、他人が自宅に踏み込むことに抵抗感を持ちやすい傾向があります。

実際に、クライアントでこのケースにピッタリ当てはまるご夫婦がいらっしゃいました。奥様は家に人を招く部屋を作りたいタイプだけど、ご主人は抵抗感を持っていました。そこで、上記のような話を持ち出してみたところ、ご主人が自分の過去に原因があると気づいたようでした。

漠然と持っていた抵抗感の理由が分かったあとは、「子どもの頃の価値観に引っ張られなくてもいいか」と思えたらしく、奥様の意見を聞き入れて家に人を招くスペースを作ることになりました。もし、あなたにお子さんがいる場合、自宅を「人を招き入れる家」として使っていたら、その子が大きくなったときに家に人を呼ぶ抵抗感が小さくなるでしょう。

ところで、**人を家に招くことに対して「いつも散らかっているから、家の中を見られたくない」という人もいます**。女性の中には人を招いたときに、「家事をしていないと見られるんじゃないか」「嫁として失格と思われるんじゃないか」という気持ちから抵抗感を持ちやすい人もいるようです。

実際はそこまで汚部屋というわけじゃないパターンもあるのですが、共働きで家を掃除する時間がなかなか持てなかったり、子育て真っ最中で片付けても家が散らかりやすかったりする状況からそう思ってしまいます。

そんな場合は、次の3か所だけ意識してください。

その場所は、**お客さんを招くスペース**と、それ以外には「**玄関**」と「**トイレ**」です。

この3つの場所が普段から整っていればOKという感覚を持ってみてください。人を招く際のハードルがぐっと低くなるはずです。

人を招き入れるスペースがないと感じている場合

「人を招き入れるのが理想なのは分かったけど、我が家には人を招き入れるスペース自体がそもそもない」と感じている人もいます。

しかし、学生の頃に、六畳一間の部屋に友人たちを数人招いて一緒に遊んだことはありませんか？

私が家を設計させていただいたご家庭で、以前は夫婦で勤め人だったところから起業し、ビジネスで成功され、どんどん経済的に裕福になられたケースがあります。そのご家族は、もともと2DKの木造アパートに家族5人で住んでいました。

家の設計の打ち合わせのため、私は何度かその家を訪れたことがありますが、空間をうまく利用していて、シンプルに気持ちよく住みこなされていて素敵だなと感じていました。

人もよく招いていたそうで、友人がお茶を飲みに訪れているといっていました。

こうした例を見ていると、**成功してどんどん金運がアップしている人たちは、お金のない頃からこのようなライフスタイルを送っていたからこそ、金運を引き寄せた**のだと実感します。

人を呼び込む家にするかどうかは、あなた次第です。

このあと本書で紹介していく空間の印象アップのテクニックや片付けの方法を駆使して、金運アップに繋がる家の使い方にチャレンジしてみましょう。

さらに金運アップを促す家の2つの使い方をマスターしよう

「大切な人を家に招くススメ」の話をしましたが、それ以外にも二つ、マスターしたいことがあります。
一つ目は、**大切な人を数名家に招いて、その人たちを紹介しご縁を繋げる**ということ。二つ目は、**あなたが大切だと思っている人の家に、逆に招かれる関係性になる**ということです。

私自身「この二人が会ったら、すごく盛り上がるだろうな〜」という人たちを実際に引き合わせて繋げることをよくしますが、その後、盛り上がって一緒にビジネスを始めて、順調に進んでいると感謝の連絡をいただくことがあります。
もちろん紹介責任があるので、誰でも気軽に紹介するわけではありませんが、「この人とこの人は気が合いそう！」とピンときたときは積極的に紹介します。特に、**その架け橋を我が家で行う**と、紹介した人たちの記憶に鮮明に残り、恩を感じてくれるようになります。

本書の執筆中、懇意にさせていただいている編集者の方からお誘いを受けて、とあるマンションオーナーの方の新しい住まいのお披露目パーティーにお邪魔させていただいただきました。5階建ての賃貸付きマンションで、その屋上でバーベキューをしていたのですが、そこには、数か所でクリニックを経営しているお医者さんや大手不動産会社の役員クラスの方など、普段は会えないような方々がいらっしゃいました。

しかも、みんなほろ酔いでとてもフレンドリーにお話しさせていただけました。あまりに楽しかったので、次にお会いできるアポイントも入れさせてもらいました。

ホームパーティーをきっかけに仲良くなっていくのも楽しいものです。

こうやって家を媒介して招いたり、紹介し合ったり、招かれたりという人と人との交流が、金運を高めてくれる大きな原動力になります。これぞまさに、金運ハウスです。

鍵その5 家相的に重要な西・中心・北西・北東方位をキレイにする

家相から見た金運アップの法則について

最後の鍵は、日本の風水である家相に隠されています。

先にも触れましたが、家相は6世紀ごろに仏教伝来とともに入ってきた陰陽五行説

家の中に大切な人を招き入れるスペースを作る
金運は人を通してやってくる
お金持ちは人を招き入れる空間を大切にしている
リビングはOK！
人が来た際に
ここは常にOK!!
というスペースを作っておく
とはいえ…
物が溢れがちな子育て中
忙しくてなかなか部屋を片付けられない
そんなときは…
&
最低限、ここだけがんばるか
それ以外は散らかっていても……
「招くスペース」と「玄関」と「トイレ」が整っていればOK!!!

をベースに、日本の気候風土、文化で培われてきたものです。

家相は風水の体系の一つに酷似しているなど、色々と諸説がありますが、これまで私が120件のプロジェクトで家相を組み込んできた結果、家相の効力にはかなり真実味があると確信しています。


最も興味深いのは、家の重心から見た各方位の事象です。各方位とは東西南北に加えて北東・南東・北西・南西からなる八方位です。**家相では各方位を「事象」で捉えている**という特徴があります。

これについても詳しくは『開運ハウス』で解説していますので、そちらで知識を得ていただくことにして、本書でお伝えしたいのは金運に特化した方位です。

それが、**西の方位**と**家の中心**と**北西・北東**の方位です。

なぜそれらの方位が関わっているかを説明します。


まずは西です。

西という方位は、太陽の動きからアフター5の時間帯を示します。

昔の日本では、田植えなどの農作業（仕事）を終えた後、家族で食卓を囲んでいる時間帯にあたります。当時は、このときに「今日も一日無事に過ごせた」と感謝を口にして、夫婦や仕事仲間がお互いをねぎらっていました。その結果、豊穣に恵まれて幸せを手に入れました。

現在においては、西の方位は、過去の事象を引き継いで人との信頼関係を築き上げる象徴になっています。

西の方位を清めることは、人と協力して健全な関係性を築き、さらには信頼関係を高めることと連動します。西の方位を清めながら人間関係の信頼構築に励むと、金運は確実に上昇します。

次に家の中心です。

家の中心は、あなたの心の状態を反映していると家相では考えられています。**家の中心付近が暗かったり汚れていたりすると、家相的には「家族の誰かが嘘をついて真実を隠し続けている」と考えます**。

心に裏表がある状態では、一時的に金運に恵まれてもすぐにその流れが急激にダウンするか、お金のトラブルに巻き込まれるのがオチです。

家の中心付近をキレイにしながら、人として筋と道理の通った行動にシフトすると、確実にそれを見てくれている人から信頼を得ることができ、金運も上昇します。


さらに北西です。

北西は意識が高い人とのご縁が育まれる方位です。金運を引き寄せるにはお金と健全に付き合っている意識の高い人との縁や、あなたの精神性を高めてくれる**メンター**との縁が欠かせません。メンターとはその道ですでに活躍して成功している人です。

この方位を整えると、**意識の低い人との縁が薄れ、家にそういう人が訪れる機会も減っていきます**。


最後に北東です。

家相的には、北東はご先祖様と繋がる、エネルギーが湧き出る方位といわれています。

また、北と東の中間に位置する北東の線上は、鬼門線といわれています。しかし、先にも述べたように鬼門は本来、「生門」や「気門」と書かれるべき清らかなエネルギーを生み出している場所です。

まずは、鬼門線上を清らかな場所に仕上げていきましょう。

間違ってもゴミ箱を置いたりせず、キッチンやトイレやお風呂などの水回りがある場合は汚れたままにしないよう清潔に保つようにしてください。現在、鬼門線上が不浄な状態なら、改善することで家の健やかさを実感できるようになるはずです。

鬼門は本来「生門」でエネルギーが満ちている

一般的に出回っている風水の知識は家相とごちゃ混ぜになっているものが多く、「鬼門」（北東）や裏鬼門（南西）もその中の一つです。鬼門は風水ではなく、家相で重要視されている言葉です。

また、**鬼門はエネルギーが満ち溢れている方位と捉えるのが正解です**。鬼門が忌み嫌うべき方位という意識が世間に広まったのは、かつての支配層が統治のために、あえてそのパワーを使わせないようにプロパガンダを大衆に流したからです。これによって鬼門を文字通り「鬼が入ってくる方位」と思っている人がほとんどで、鬼門のパワーを使おうという人はいません。

今でも支配者層の思い通りのままになっているのです。

さらに**鬼門と裏鬼門を繋ぐ鬼門線上には、大型家電は置かないようにするのが好ましいです**。なぜなら、近年、健康被害があるともいわれている人工的な「**電磁波**」が家電製品から出ている影響も考慮する必要があるからです。

放射線や紫外線、太陽光線などの自然界にある電磁波と違い、電子レンジや冷蔵庫、無線ＬＡＮといった家電製品から出る電磁波は歪をきたしているので、鬼門線上に置くと、家中に歪んだエネルギーが蔓延するとも考えられます。

電磁波が人体に及ぼす影響についてはは明確なエビデンスがないため、こうした電磁波問題について取り上げるとＹｏｕＴｕｂｅでも賛否両論のコメントがつくのですが、エビデンスがないからといって無視するのはよくないと私は思います。

私は家づくりにおいても、各部屋に一つはアースが取れるコンセントを設置するなど電磁波対策を普段から心掛けています。理由は電磁波対策をした空間とそうでない空間とでは、居心地がまるっきり違うという実感があるからです。

家相では金運は西・中心・北西・北東方位が重要！

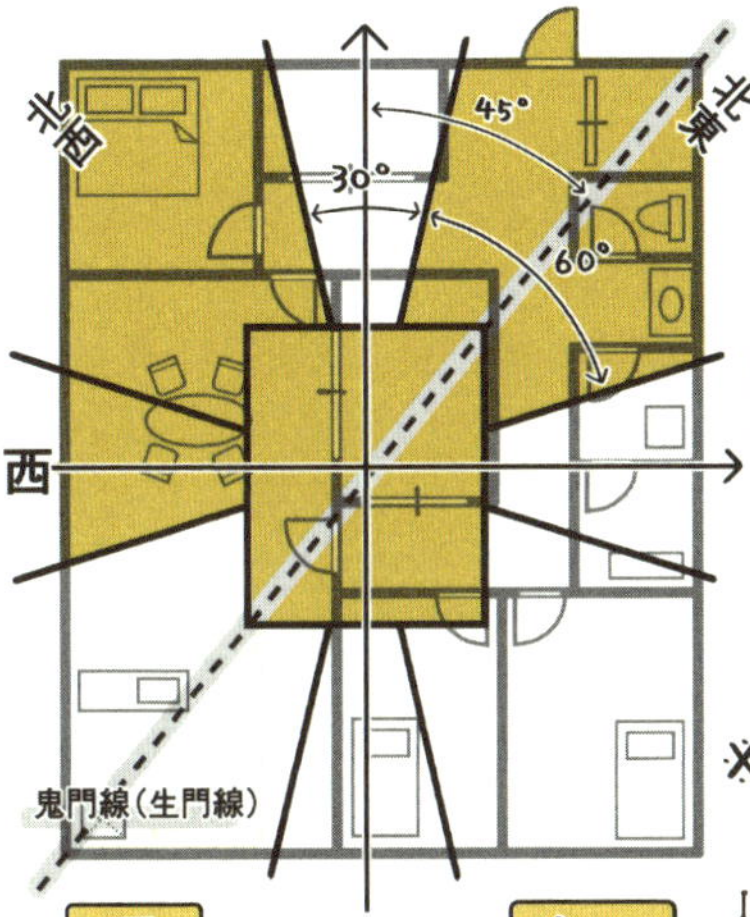

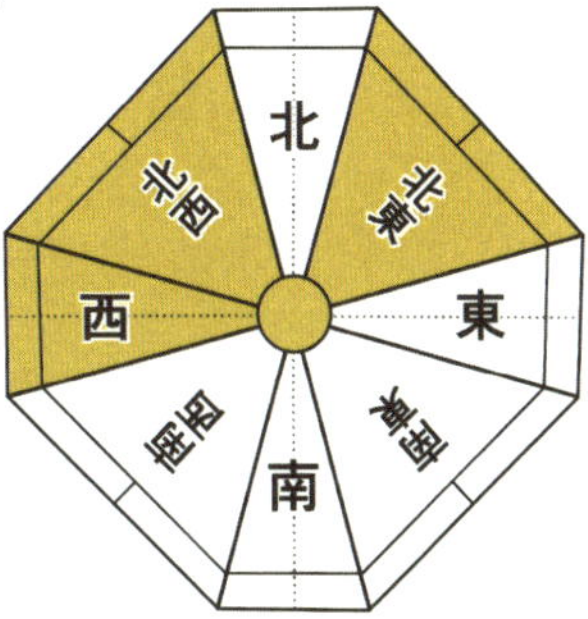

※家の中心は、間取りの各辺の全長の$\frac{1}{3}$で計算する

西

健全な人間関係を表す

中心

心の状態を表す

北西

意識高い人との縁が生まれる

北東

先祖と繋がりエネルギーが湧き出る

「鬼門（生門）」と「裏鬼門（裏生門）」上には大型家電製品を置かないのが理想的

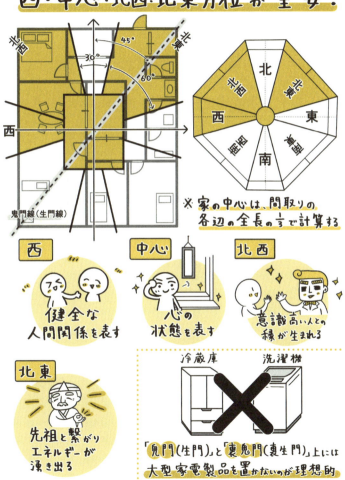

あなたがもし、鬼門のパワーを使いたいと考えるなら、家電製品はなるべく、鬼門線上に設置しないようにしてください。

ここまで、西、家の中心、北西・北東と、鬼門について見てきました。

あなたの家に改善点は見つかりましたか?

■「汚部屋」はすべての方位で避けるべき

家相の方位(事象)に関する話として、少し触れておきたいことがあります。

それは、**すべての方位において避けて欲しい「汚部屋」**です。

ここでいう汚部屋とは、物が散らかっているとか、ちょっと掃除ができていないとかいう部屋ではありません。手がつけられないくらいに全体的に汚れている部屋のことです。

たとえば、こんな相談が舞い込むことがあります。

「我が家は基本キレイなのですが、娘の部屋だけが汚部屋です。問題ないでしょうか?」

これは、**体の中の一部にガンがあるようなものです**。**汚部屋があると、家相的にはその方位の事象が落ちます**。

家の重心（家の真ん中あたり）から見て、北の部屋が汚部屋の場合は、家族みんなの健康を害したり、家族仲が悪くなったりすることを助長します。金運でいうと蓄財ができません。

方位による汚部屋の事象は次のとおりです。

北：健康不良、家族仲が悪くなる、蓄財できなくなる
北東：変化に翻弄される、ご先祖様や子ども、孫との縁がどんどん薄くなる
東：鬱っぽくなる、やる気が出なくなる
南東：人との縁が薄くなる、成果が出ない、混乱し続ける
南：勝負にいつも負ける、頭がぼーっとし続ける、すぐ怒る
南西：ずっとイライラする、情緒不安定、人にイヤなことをしたくなる
西：人間不信に陥る、信用を落とす、結果金運に見放される

北西：不義理をして人間関係を断絶される、嫌な人ばかり集まる

読むだけでも気分が悪くなる内容です……。

もし、家の中すべてが汚部屋の場合は、これらのてんこ盛りフルコースがあなたの人生に降りかかっていると思ってください。

以上が5つの鍵です。できるところからで構いませんので一つひとつ取り組んでみてください。少なからず金運アップを実感し始めることでしょう。

第4章

「自動的にお金がどんどん入る家」にするための15のこと

自動的にお金が巡り始める「家と暮らし」の大改革を始める

ここまで読んできて、お金の呪いに関するあなたのメンタルや家と暮らしに金運のヒントがあることに気づいたあなたは、金運ハウスの住人となる素地が整いました。

この章では、気が付いたら自動的にお金が家に舞い込んでくる、まさに自動的に金運ハウスになっていく流れをお伝えします。

次に紹介する15のポイントは、金運ハウスの極意ともいうべきもの。今日からこれを一つずつクリアしていけば、間違いなく、あなたの生活は一変するでしょう。

家はあなたの暮らしを反映し、そして人生観をも反映しています。だからこそ、家を変えれば暮らしが変わり、人生が変わり始めるのです。

15のポイントは4つの段階に分けています。入門編ではお金と相思相愛になる秘訣を知る方法を、基礎編ではお金が自然と集まる家になる仕掛けを組み込む方法を、中級編では金運パワーを最大値に高める秘訣を組み込む方法を、上級編ではどんどんお

お金が舞い込む家にするための
15のことを実践しよう！
入門編
お金と相思相愛になる
秘訣を知る
基礎編
お金が自然と集まる
家になる仕掛けを
組み込む
中級編
金運パワーを最大値に
高める秘訣を
組み込む
上級編
どんどんお金が
やってくる！
家の使い方をマスターする
金運

金がやってくる家の使い方をマスターする方法をそれぞれまとめました。すべて達成すれば、あなたは金運ハウスの達人です。

さあ、入門編に進む準備はできましたか？

それでは、始めていきましょう！

入門編 お金と相思相愛になる秘訣を知る

1 貧乏神を寄せ付けない!! お金の知識と家の工夫

1章でもお話ししましたが、金運ハウスのスイッチを入れるには、まずはお金の出入り（収入と支出）を把握することが何より優先です。

金運を引き寄せるためには「収入＞支出」にすることは最低条件。毎月のようにお金の心配が頭から離れず、月末になると支払いが滞ったり、貯金を取り崩したりしながら生活をしているような状態は、まさに貧乏神を引き寄せているような状態です。

私たち日本人は、子どもの頃からお金についての教育をほとんど受けていないため、若者がクレジットカードを作った後に、ゲームにお金をつぎ込むなどして、カード破産を起こすような事態が頻発しています。

これは、お金との付き合い方において「収入＞支出」という当たり前の状態にする意識が低いことに加えて、使った実感が薄いキャッシュレス決済により金銭感覚がマヒし、「収入＜支出」という状態を作り出した結果です。

では、こうならないようにするにはどうすればいいのでしょうか？

まず、**家計簿をつけていない人は家計簿をつけるようにします**。月の収入に対して固定費はいくらか、食費はいくらか、娯楽に使うお金はいくらか。貯金するのはいくらか、投資にまわすお金はいくらかなど。

貧乏神が大好きな「収入＜支出」の状態になれば、収入を増やす策を考えるか、支出を減らすかして、全体で「収入＞支出」になっているかチェックして、もし「収入＜支出」になっていたら支出のどの項目を減らすべきか、あるいは収入を上げることができないかを検討します。金運ハウスのスイッチは、そこで初めてONになります。

最低限このことを守りつつ、次にやって欲しい意識改革は、家の中で金運ダウンに繋がる行為をやめることです。家の中を見渡してみてください。床に直接物が置かれていないでしょうか？

「一体、それが金運とどう繋がっているの？」と思うかもしれません。ですが、この「床に物を置く」という行為は、びっくりするくらい金運ダウンに繋がりやすいのです。

床に物がある状態というのは一言でいうと「汚部屋になる入り口」「人生に混乱している状態」を意味しています。そんな大げさな！　という声が聞こえてきそうですが、誰でも忙しくなったりすると床の上に物が散らかり始めることは普通にあります。

そしてここからが肝心です。

普段なら、「これではまずい」と重い腰をあげて、掃除をして片付けます。

しかし、精神的に落ち込んでいたりすると、散らかっている状態に意識が行かなくなり、輪をかけて部屋が散らかっていきます。

さらに追い打ちをかけるように、**散らかった状態は、視覚的に多大なエネルギーを使って脳で処理するために、脳が疲れ果ててしまう**のです。

その結果、次に起こるのが脳疲労による「プチパニック」状態です。

「忙しい忙しい!」「何をしたらいいか分からない!」「体もいつもだるくて何もしたくない」……というように、混乱と軽い鬱のような状態を作り出すのです。まさに貧乏神が「イッヒッヒ!」といいながら家に引き寄せられ、居座り続けられるようなものです。

金運ハウスのスイッチをONにするには、一定以上、床が散らかった状態にすることはご法度だと覚えておきましょう。

2 その家に住む動機に金運が高まる内容を加える

金運ハウスにするための核心的な質問です。

「なぜ、その家に住んでいるのですか?」と聞かれれば、あなたはどう答えますか?

- 会社から近いから
- 便利だから
- このエリアがなんとなく気に入っているから
- 昔から住み慣れているから
- 二世帯住宅なのでしかたなく……
- 両親の家のそばに住む必要があったから
- 子どもの学区的にいいエリアだから
- セキュリティが整ったエリアだから
- 近くに大きな公園があって魅力的だから
- 緑が多くて空気が新鮮だから
- 高層マンションの高層階に住みたかったから

このように、その理由をできる限り書き出してみてください。

書き出したら、次にやることがとても重要です。今挙げた動機の中で**前向きなものをピックアップ**します。そして**その動機に、金運が高まる要素を掛け算していく**ので

むむむ…
1,000
"汚部屋"のスタートになりやすい
毎月「収入＞支出」になるように家計簿をつける
「床置き」をやめる
住んでいる家の前向きな動機に金運が高まる動機づけをする
この家の1室をサロンにしてアロマの講習会をしてみたい
自宅でリモートワークを快適にできるよう部屋を整えたい！
色々考えてみよう！
うっとり

す。

「書き出した中の前向きな動機に金運を掛け算すればというけど……、どうすればいいのか分からない」

そう思ったのなら、それももっともでしょう。一般的にこんなふうに考えた経験がないのが普通かもしれません。しかし、興味深いことに、**どんどん金運が高まる人たちは、家で金運を生み出す流れを意識して考えています**。

たとえば、

「この高層マンションのレンタルスペースを月イチで借りて、ソムリエを迎えたワイン会を開催する」

「この家の一室をサロンにして、アロマの講習会をしてみたい」

「自宅でリモートワークを快適にできるよう、この部屋を整えて使いたい」

「自分の大好きなハーブティを楽しんでもらいたいので、月に一度お茶会を開きたい」

「足もみの技術を習得したので、家で施術できるようにしたい」

などワクワク、ドキドキしませんか？

それに対し「私は専業主婦だし、スキルもないから何もできない」という人もいます。でも、本当にそうでしょうか？　先ほど挙げたお茶会や食事会、パーティーを主催して、友人や夫の仕事関係者を家に招待することはできます。

ところでここまで読み進めて、何か気づくことはありませんか？

それは、人と繋がることをしなければ、金運はアップしないという事実です。

普段、仕事をしていなかったり、家に引きこもって人との付き合いを極力持たないようにしていると、残念ながら永続的な金運はアップしません。

「**幸運は人が連れてきて、金運は人の感謝が連れてくる**」

耳にタコができるくらい『幸運すまいチャンネル』でいつも伝えているフレーズですが、永続的な金運の流れは、人の感謝が連れてきてくれます。

あなたの家を金運ハウスに生まれ変わらせたいのなら、その家に住む動機に金運と繋がる流れを組み込みましょう。

3 夫婦でお金の器を広げるとっておきの方法を活用する

私はこれまで、金運に恵まれている成功者の方々に「金運を引き寄せるにはどうすればいいですか？」という質問を重ねてきました。すると決まって返ってくるのは、**「金運を良くしたければ、お金を追いかけることをやめなさい」**という答えでした。

私としては、金運アップに直結する方法を聞き出したかったのですが、皆さん口々にこういいます。

「金運を良くするにはお金のことを忘れることですね～」
「お金の不安から行動すると、ますます不安が大きくなるだけ」
「お金のことではなくやりたいことに集中すると、お金は結果的についてくるよ」

そんなことといわずに、できれば即効性がある具体的な方法を教えて欲しい、ネタをくれ～！　という本音が思わず口をついて出そうになりましたが、「そんなことよりも……」と諭されるようにいわれたのが、次のような話でした。

「人は自分のためには頑張れないもの。頑張ったとしても、限界はすぐにやってくる」

「人は愛する人のためであれば、自分のこと以上に頑張れる」

「ただ、いつも不満ばかりいう家族やパートナーがいる場合は、全く力が入らなくなる」

お金をいくら稼いでも家になかなか帰ってこない夫がいれば、家族不和が起こる可能性も高くなります。また家族のために頑張って仕事をしても、家に帰ると夫vs妻＋子どもたち、というふうに夫が一人ぼっちになり、夫は何のために仕事をしているのか分からなくなって夫婦関係が破綻するケースもあります。

あなたにパートナーがいる場合、このような事態に陥らないようにするには、そうならないためのルールを決めることが重要です。

ところで「**お金の器を広げる要《かなめ》は良好なパートナーシップにある**」と聞くと、どう思いますか？

イメージでいうと、シングルの人は一人分のお金の器が与えられていて、夫婦などのパートナーがいる場合はお金の器を二人分以上に広げられる可能性がある感じです。なぜシングルなら一人分なのに対して、パートナーがいる場合は二人分以上になるのでしょうか？　ちなみにシングルの人でも愛を分かち合う対象がいれば、相手をパートナーと見なしても大丈夫です。

心理カウンセラーの妻がいうには、**人は自分の事だけには頑張れる限界があるのに対して、人のために頑張るとその限界を突破できる可能性が出てくるから**だそうです。しかし残念なことに、この法則を知らないだけではなく、パートナーがいる多くの人が一人分以下のお金の器になってしまっています。

たとえば、夫が外で稼いできて妻が家にいる夫婦の場合は、「これは俺が稼いできた金だ！」「生活費は入れるがそれ以外はこちらが使う」「あなたの稼ぎが少ないからお小遣いは1万円ね」「なんで稼ぎが増えないの！」というようないさかいが夫婦の間で起きやすくなります。

こうして言い争いをしている場合は、お互いの足を引っ張ったり、ののしり合ったりしている状態なので、稼ぐことに後ろ向きになり、お金の器も小さくなって金運はダウンしてしまいます。

また先にお伝えしたとおり、多くの日本人女性が潜在的に持っているお金へのメンタルブロックのせいで、金運が低迷し家庭内の深刻な問題を作り出している例もあります。

結婚して子どもが生まれるまで働いて収入を得ていた女性が、退職して家事や育児に専念するようになった場合、自分の収入がない状態になります。これが原因で、「稼げない自分」「社会的に価値がない自分」と心のどこかで自分のことをバッシングし始め、金運が驚くほど低迷していきます。

こうした場合はどうすればいいのでしょうか？

夫婦の問題について数々のカウンセリング経験がある妻がいうには、女性が次のような考え方にシフトできるかがポイントのようです。

「あくまでも夫と私はそれぞれ役割を果たしている」
「夫は仕事で稼いできて、私は家事と育児を中心に家を守っている」
「夫から入ってくるお金は、それぞれが役割分担を果たしたことで入ってきた共同のもの」

しかし稼いでくるほうの男性はそう思いたくないし、それに合わせて、女性もそんなふうに捉えることがなかなか難しいようです。そこで「夫婦などで2人分以上のお金の器に広げる方法」が大切になってきます。

金運に恵まれて、どんどん豊かになっていく夫婦は「それぞれが役割を果たして、お互いを尊重し合った結果、共同創造としてお金が入ってきている。それがたまたま夫の方が窓口になっているだけ」と捉えています。

私自身も家づくりの際に多くの家族と付き合ってきて分かったのが、この法則を理解している夫婦ほど、その後どんどん金運に恵まれていくという事実です。それくらい、**パートナーシップの在り方が金運の要**になっているのです。

実は私たち夫婦も、過去に同じような問題に直面しました。

妻はもともと私立の学校の教師をしていて、自分で収入を得ていましたが、心理カウンセラーになるために退職した矢先に子宝に恵まれ、そのまま育児に突入しました。

子育て中心で収入がままならない状態の彼女は、「夫（私）が稼いできたお金を自分のために使うなんてできない」「できるだけ買い物に行かずに、お金を使わないことが私にできること」と本気で思っていると告白してくれました。

正直、それほどお金に対してネガティブに捉えているとは思っていなかったので、妻のこうした本音を聞いたときは驚きました。


私は妻に、「あくまでも僕のところに入ってくるお金は、二人がそれぞれの役割で頑張った共同創造の賜物だ」という話を繰り返ししました。それでもなかなかそのことを受け入れられない彼女に、仲間やメンターが間に入って取り持ってくれました。

私と何度も話し合いを重ねた結果、ようやく彼女も夫婦の共同創造の考えを受け入れるようになりました。そして興味深いことに、彼女が本当にこの考えにシフトした年に、私の会社の年商が前年比1・8倍になったのです。それ以降も、右肩上がりに増え続けています。

私自身その頃は、一人で頑張ってもそれ以上越えられないという収入の限界の壁にぶつかっていたのですが、不思議と妻が共同創造という考えを受け入れて以降、変わり始めたのです。彼女に笑顔が増え始め、自分の好きなことに楽しそうにお金を使う姿を見た瞬間に私にもスイッチが入ったのです。

多くの家庭で男性は「生活のためにやりたくない仕事に耐えてお金を稼いでいる。もう限界だ」と思っている一方で、女性は「夫ほどお金を稼げない自分なんて価値がない。でも夫のこの稼ぎじゃ節制するしかない」とモヤモヤした思いを胸に秘めていて、お互いに疲労困ぱいしています。

このネガティブなサイクルから脱出するためには「**共同創造**」という考えを導入して、「お互いによくやっている」とねぎらい合うことが必要です。**夫婦やパートナーと「お金の器を一緒に広げる」という考えを共有しましょう**。

4 金運を高める「リビング」と「ダイニング」の使い方をマスターする

夫婦やパートナーとこうした話し合いを持つためにも、ダイニングの使い方とリビングの使い方は非常に重要になります。ダイニングは食事をするところ、リビングは家族でリラックスするところという基本的な機能がありますが、実はそれぞれの部屋には金運を高めるための本質的な使い方があります。

まずはリビング。

子どもにとってリビングは、親くらい年齢の離れた上司、兄弟ぐらいの年齢差の上司や同僚、部下と関わるといった、社会や職場の象徴になっていきます。リビングで、家族同士活発なコミュニケーションを行うことで、子どもは大人になっていくときに、そういった年齢差の人との会話がスムーズにできるようになります。金運は、円滑な信頼関係を結ぶためのコミュニケーションが欠かせません。

また親子関係が悪くなると、家族全体で運気がどんどん低迷し、金運も合わせて低迷します。**親子関係と金運は深いところで繋がっていて、リビングの使い方は金運と直結しているといっても過言ではありません**。家族全体で金運を高めるためにリビングは必要な場所なのです。

そして、ダイニング。

ダイニングも金運を高めるためには欠かせない場所です。

なぜ欠かせない場所なのか？

たとえば悩んでいる友人がいると、「一杯飲みに行こうか！」とか、「ちょっとお茶しようか！」とかいって誘ったりする場面があると思います。男同士でも、女同士でもこの感覚って同じです。誰かの悩み事を聞くときに、**食事やカフェタイムを通じて話し合えば、お互いに心をオープンにして意思疎通がしやすくなるという心理がある**ことが分かります。

その原点がダイニングなのです。ダイニングで家族同士食事しながら、またはその後お茶を飲みながら、心をオープンにして話し合うことで、深いところで家族が繋がっていきます。

また、家庭内でこうした習慣を持っていれば、人の話を深く共感しながら聞く能力

お金は追い求めれば逃げていく
ピュ――――ン
待って!!
君(お金)がいないと不安なんだ!!!
うおおおおおお
お金をいくら稼いでも
家に帰ってこなければ
家族不和が起こる可能性が高くなる
やりたくない仕事に耐えているのに
お金稼げない自分なんて…
お金使わないようにしよう
お互いモヤモヤした思いを胸に秘めると疲労困ぱいする
お互いよくやっているね
「共同創造」という考えを導入してお互いねぎらおう!
悩みを打ち明けられたとき
実は…
それは大変だったね
否定をやめて共感力を養えば
リビングやダイニングの使い方もマスターしよう!!!
信頼関係を育めるようになる

を高めることができ、家族間だけでなく幅広い人間関係の構築にも役に立ちます。

妻の話では、興味深いことに、心理カウンセラーやセラピストなど傾聴力を要する仕事に就いている人は、子どもの頃ダイニングでよく母親の愚痴や悩みを延々と聞かされた過去を持つ人が多いといいます。イヤイヤ聞かされていた可能性も高いのですが、そうした経験から、人の話を深く共感しながら聴く能力が養われたということではないでしょうか。

そしてこの共感能力こそ、相手の信頼を得る最良のスキルで、金運を高めるお金の器を磨き上げてくれます。あなたが子どもの頃のリビングやダイニングからどのような影響があったかも、あなたなりに振り返ってみましょう。

ダイニングで夫婦の話をする。このときに、非常に重要なルールがあります。

それは、**悩んでいる本人を否定せず、できる限りねぎらってあげること**です。

「そうか、それは大変だったね」

「よく堪えたね」

「それは悲しかったね〜」
「話を聞いて誇らしく思うよ」
「打ち明けてくれてありがとう」

こうした言葉を使うようにしてください。

無意識にやってしまいがちですが、悩んでいるときに否定されると、相手は一瞬で心を閉ざしてしまいます。家族同士の間に距離を感じるようになったとしたら、これをやっていた可能性があります。改めて状況を見つめ直してみてください。

基礎編 お金が自然と集まる家になる仕掛けを組み込む

5 1日10分掃除で家の中をこつこつキレイにしていく

ここまで、部屋をキレイに、清潔にといってきました。内心、「常にキレイをキープできたら苦労しない」なんて思っていないでしょうか？

掃除が苦手な方もいるかもしれません。でも、安心してください。それは、あなただけの話ではありません。

子どもの頃から片付けや掃除の方法を具体的に学ぶ機会が少なかった日本人は、家の掃除を苦手とする人はとても多いのです。そこで、そんなに頑張らなくても家がみるみる片付いていく魔法の掃除方法をお伝えします。

それが「**1日10分掃除**」です。


1日10分掃除は、掃除が苦手な主婦が編み出した掃除方法なので、同じように掃除が苦手な人でも続けやすい方法です。1日10分掃除のやり方は、その名前のとおり、1日10分だけ掃除をするというものです。

「10分ではとても片付かないよ!」と思うなかれ。家の部屋単位ではなく、「今日は、あの部屋の窓、明日はこの机の上」というふうに、パーツ単位で区切って掃除をするのです。


これを毎日こつこつ続けていると、気が付けば家の中がどんどん片付いていきます。

『幸運すまいチャンネル』でもこの方法を提案して多くの人に実践していただいた結果、今まで何をやっても片付かなかった状態から2、3カ月で家の中が見違えるほどキレイになったという人が続出しました。

「1日10分はちょっと無理だったので、5分掃除にしたら続きました」

「私の場合は毎日20分にしたけど、これならできると思って試してみたら掃除のストレスがなくなりました」

「1日10分だけど毎日掃除していたので、年末の大掃除はほぼしなくて済むようになりました」

こうした声をたくさんいただいています。

金運ハウスにするためには、継続的な掃除によって家の中の清潔さを保つことは重要です。**ポイントは、毎日持続できるかどうかです**。

下手に気合を入れて一日何時間もかけて掃除をしてしまうと、疲れてしまう上、掃除するのは時間も手間もかかって大仕事だ、というイメージを持つようになってしまいます。これでは掃除をめんどうに感じるのも仕方ありません。

掃除はいっぺんにやろうとせず、毎日少しずつでいいのです。10分やってみて難しいと思ったら、3分からでも構いません。今日から試しに始めてみてください。

6 日中と夜の照明にメリハリをつけてクリエイティブ&リラックスを演出する

コロナ禍でコロナ鬱という言葉が流行しました。

人と会わず一日中家にいることでネガティブな感情が押し寄せ、メンタルに不調をきたす人が続出したのです。

なぜ、こんなことになってしまったのでしょうか？

大きな原因は、「日中の部屋の暗さ」だと私は考えています。

日中の部屋の明るさは精神状態に大きく影響しています。暗い部屋にいて精神的に落ち込む状態というのは、運気的にも良くありません。『開運ハウス』にも書きましたが、暗い部屋は人を鬱傾向に追い込みます。

精神を安定させるためには、日中の部屋の明るさはある程度必要です。最低でも300ルクスは確保したいものです。

最近は便利になり、スマホのアプリで「照度計　無料」などと検索すると手軽に自宅の明るさを測れるアプリをダウンロードできます。

調べてみて、もし、日中の明るさが100ルクス以下なら暗すぎるので改善が必要です。スタンド型の照明器具を追加するなど工夫をしてみましょう。


そして逆に夜は、部屋が明るすぎると睡眠障害に繋がりかねません。

近年、スマホのブルーライトが問題視されていますが、実はそれ以上に部屋の明るさが影響を及ぼしているという医師の見解も出ています。

では、夜はどれくらいの明るさが適切なのでしょうか？


夜は、明るくても150ルクス程度に抑えましょう。

そして、調光が可能なら、寝る1時間ぐらい前には50ルクス程度まで明るさを落としていきます。就寝する直前までこうこうとした照明の下で過ごしていると、寝入りが悪くなります。

日本人は、他の先進国に比べると平均睡眠時間が極端に短く、睡眠障害なども深刻な問題になっていますが、夜に白々しい光をこうこうとさせているのも眠るタイミングを遅らせ、睡眠不足になる大きな原因です。

おすすめは、ベースの照明を「電球色」か「温白色」にすることです。読み物や書き物をする場所に、「昼白色」の照明を設置し、遅い時間になればなるほど、電球色系の照明のみをつけて気持ちをリラックスさせていきましょう。

最近は調光や調色機能のついた照明器具もあるので、寝る1時間前に過ごす部屋では、電球色の照明で照度を50ルクス以下に整えてください。眠りの深さに格段の違いが出てきます。

各部屋の役割に合わせた照度については、5章でも詳しく紹介していますので、そちらも参考にしてください。

7 金運アップを促す最強アロマをセッティングする

家の居心地は、人の五感にまつわる体の感覚によるものが大部分を占めますが、実は、なかでも嗅覚は脳にダイレクトに影響します。前述したように、イヤな臭いがす

各部屋の明るさを調べよう！

スマホで照度が測れるアプリもあるよ

「照度計 無料」で検索してみよう

日中

300ルクス以上が理想的

夜

徐々に照明を落として150ルクス以下に抑えよう

おすすめの照明

ベースの照明	「電球色」or「温白色」
読み書きする場所の照明	「昼白色」

日が暮れたら…

「電球色系」の照明のみつける

→リラックスできる

寝る前1時間

50ルクス以下の電球色で過ごしてから眠りにつくと◎

ると脳は「不快」と判断して、それだけでネガティブな感情を湧かせます。

脳科学者の友人によると、毒ガスなど生命に危険を及ぼす臭いをいちいち感情で判断してから脳に指令を送るのでは命取りになるので、嗅覚に関しては脳がダイレクトに判断するようになっているとのことでした。人体は優れた機能を備えていますね。

そういった意味でも、匂いに気を配ることはとても重要です。

匂いによって脳が「快」になれば、クリエイティブな発想力を高めることもできます。そのために有効な香りも存在します。

部屋に香りづけする方法は、お香やアロマなどさまざまな物がありますが、ここではアロマに絞って紹介します。**脳に効きながら、金運をアップさせる部屋別の香り**を見ていきましょう。

まずは、寝室です。

寝室でいかに熟睡できるかが脳のクリアさやパフォーマンスに繋がります。寝室でまず使って欲しいのが、**ラベンダー**です。ラベンダーの香りはリラックス効果が非常に高く、寝入りをスムーズにしてくれます。

それ以外では、**フランキンセンス**もおすすめです。

毎日、仕事や育児などハードワークをこなして常に体が過緊張している人や、パソコン作業で肩が凝っている人にとって、体の緊張をほぐしてくれる香りです。

夫婦仲を高めてくれる**イランイラン**もおすすめです。

金運ハウスに住んでいる人たちは、夫婦関係が良好です。金運と夫婦の仲は深いレベルで繋がっています。良い夫婦関係を保つためにはイランイランは最高のツールです。

次に玄関です。

前述したとおり玄関は訪れる人にとって、その家や家族の第一印象をつかさどっている場所です。香りは、あなただけでなく、家族のみんなが好きな香りにすることが第一優先です。その上で、おすすめしたい香りが**グレープフルーツやレモン、オレンジなどの柑橘系や、ヒノキ、ユーカリ、サンダルウッド、ティーツリーなどの樹木の香り**です。

それ以外には、**殺菌作用のあるハーブ系のローズマリーやミントもいいでしょう**。疲れて帰ってきたときには、気持ちを切り替えてリフレッシュさせてくれます。

最後にリビングです。

リビングは、場所の役割としては、基本的にはリラックスとともにクリエイティブになりたい場所です。

ただ、ここで重要なのは金運アップのための香りづけです。方法としては、**玄関の香りと一貫性を持たせることで、招き入れる人にも統一感を感じさせて好感を持ってもらえます**。そのことを頭に入れながら香りを選んでみてください。

ところで、アロマの香りで空間を浄化できるものはないかという質問をよくいただきます。アロマは空間をいい香りに整える力はありますが、そこに漂っているネガティブなエネルギーまで浄化させる力はありません。どちらかというとアロマは、その香りを嗅いだ人の脳や感情に刺激を与えることで、その人が発するエネルギーを変えるような作用があります。

たとえばラベンダーはリラックスの作用がありますが、ラベンダーの香りで満たされた空間でリラックスした人が発するエネルギーでその空間をよりリラックスできるムードにするのです。

ですから部屋に香りづけをする際には、空間の浄化の次に行うということが大切なのです。**香りは感覚的にイヤな感じをごまかすのに使うのではなく、空間をさらに良くするスパイスみたいな役割として、上手に活用しましょう**。

なお、ペットがいる家庭ではアロマが合わない場合があります。「(飼っているペット名)＋アロマ＋NG」などでインターネット検索をしてNGのアロマがないかを調べておきましょう。

8 金運上昇に効く観葉植物を家の中に置く

観葉植物は、家の中のパワーアイテムとしては、最強の類の一つです。

人も含めて生き物は、自然と共存することでリラックスしたりストレスを発散させたりしています。特に、風水や家相でいえば、一般的な樹木が伸びる高さである地上から20mぐらいまでが住まいに相応しいとされています。樹木の生命エネルギーを取り入れることが可能になるからです。これは、建物でいうと4階建てくらいまでの高さです。

樹木が私たちに与える影響の具体的な例を一つ挙げます。

住宅に使う木製の床であるフローリングには、二種類あるのをご存じですか？

一つは複合フローリング、もう一つは無垢フローリングです。

複合フローリングは表面が薄い板で、その下は接着剤で貼り合わせた合板でできています。無垢フローリングは一つの木から切り取った無垢の状態のものです。

以前、複合フローリングと無垢フローリングによる人の体への影響を知るために、その場に居合わせた建築関係者10名で簡単な実験をしたことがあります。2つのフローリングの上でそれぞれ前屈運動をやってみたのですが、10名全員が無垢フローリングのときのほうがより前屈ができたのです。

これは無垢フローリングのほうが、体がリラックスして柔らかくなった印だといっていいと思います。

「観葉植物はイミテーションでもいいのですか？」という質問をいただくことも多いのですが、イミテーションは見た目のリラックス効果はありますが無垢フローリングが示すように、本物の樹木を身の回りに置いてこそさらにリラックス効果を得ることができるのです。**生活空間に観葉植物をはじめ天然素材を取り入れることに意味があります**。

金運ハウスづくりにおいても観葉植物は欠かせません。

金運アップのために観葉植物を用いる際は、置く場所と観葉植物の種類の組み合わせが重要になります。特に注目したい場所は、**玄関**、**リビング**、**寝室**です。

まずは玄関からです。

玄関は、外から帰ってきたときの入り口です。一日中外の雑多なエネルギーを受けて帰ってくるので、玄関ではできる限り、その雑多なエネルギーを払い落としたいと考えます。

雑多なエネルギーを払い落とす力が強い観葉植物としては、上向きで尖った葉っぱ

形状のものが最適です。その代表的なものが、サンスベリア、ドラセナ、オモトです。

なぜ上向きで尖った葉っぱ形状がいいのか？

それは、見た目から人に刺激を与える作用が強いからです。これらの観葉植物を見ると、気持ちがシャキッとし、疲れた心身にエネルギーがみなぎってきます。

ただし、日本の玄関は、とりわけマンションでは日中に光が入らないことが多いため、観葉植物にとっては条件があまり良くありません。玄関に置く植物は、週末の2日間はリビングなどの日の当たる場所に置くなどして定期的に日光を当ててあげましょう。

次にリビングです。

リビングで最も優先順位が高いことは、リラックスできる空間になっているかどうかです。なぜなら、一日中緊張していた体を徐々に休めながら、家族とのゆったりとした時間を過ごし、眠りにつく準備ができてこそ、明日への活力を養えるからです。

リラックスを促す効果の高い観葉植物は、葉っぱが丸みを帯びて下向きのものです。

代表的なものは、モンステラ、ウンベラータ、エバーフレッシュ、パキラなどです。

観葉植物は金運ハウスには欠かせないアイテム
それぞれの植物の役割を知ろう!!
Point
玄関…雑多なエネルギーを払い落とす
「上向きで葉っぱが尖った形状」の植物
サンスベリア
ドラセナ
オモト
リビング…リラックスを促す
「葉っぱが丸みを帯びた形状で下向き」の植物
モンステラ
ウンベラータ
パキラ
寝室…リビングと同じ要素の植物を置こう
ただし、圧迫感がない小ぶりのものがおすすめ
かわいい!
アイビー
ガジュマル
カポック

どれも育てやすい観葉植物なので、気に入ったものを選んで育ててみましょう。

最後に、寝室です。

眠りの質が金運に繋がるという話を先にもしましたが、眠りの質に観葉植物が効果を発揮します。**おすすめはリビングと同じ、リラックス効果の高い丸みを帯びていて下向きの葉っぱの類です**。ただ、寝室のサイズに対して大きすぎると圧迫感が出てきます。ちょっとした棚や出窓にちょこっと置けるサイズのアイビーやモンステラ、ガジュマル、アジアンタム、カポックなどは扱いやすいでしょう。

あなたの住んでいる地域によっては育てやすいもの、入手しやすいものが変わってくることがあります。またペットによっては相性の悪いものもあるので、近くの販売店などで相談してから購入することをおすすめします。

9 気持ちの良い朝の挨拶を家族の共通ルールにする

基礎編の最後に紹介するのは家族間の挨拶についてです。

あなたが家族と暮らしている場合、朝起きたらできるだけ気持ちよく挨拶すること

を習慣にしてください。というのも、朝って気持ちが憂鬱になりがちだからです。

心理カウンセラーの妻になぜそうなるのか尋ねたところ、「人の感情は基本的に6、7割がネガティブになるようにできていて、ポジティブよりもネガティブになることが多いから、意識をしないとポジティブにはなりにくい」と教わりました。

また、感情を重視しすぎるとどんどん憂鬱になるのに対して、体を動かしてポジティブな言葉を意図して使うようにすれば、後から前向きな感情がついてくることも多いのだそうです。

特に**朝一の言葉は、意識してポジティブにしたほうが一日の気分が良くなりやすい**です。これを踏まえて、朝は「おはよう！」と少し声に張りを持たせながら笑顔でいうことを心掛けましょう。

「でも、体調が悪くてそんなことできない日もあるよ」という人は、無理はしないでください。できるだけ実行するという程度のルールで、それを義務のように感じる必要はありません。どうしてもできない日は感情に従ったって構いません。

ただ「できるだけやる」というルールを決めておくと、元気な挨拶がない朝は家族の誰かが不調に気づいて「大丈夫?」と声を掛けてくれるようになります。

あなたがもし、挨拶はいったりいわなかったりでいつも憂鬱で不機嫌そうだと、家族はあなたが体調を崩してもなかなか気づけません。そういった意味でも、朝の気持ちのいい挨拶を習慣にするのはおすすめです。

朝だけでなく、次のような挨拶や声掛けもルールの参考にしてください。

「食事をする前は必ず気持ちよく『いただきます』をいう」
「食事がおいしかったら『おいしい』と口に出して伝える」
「家族間でも感謝の気持ちを忘れず、相手に毎日伝えるようにする」
「外出から帰ってきたら、できるだけ元気よく『おかえり』と『ただいま』をいい合う」

家族みんなが気持ちよくなるルールを話し合って作り出し、習慣にしましょう。家族間のコミュニケーションが円滑になり、それが金運を高める原動力になります。

中級編

金運パワーを最大値に高める秘訣を組み込む

10 金運をパワーアップさせるラッキーカラーを組み込む

あなたの家のインテリアはカラフルですか？　それともシンプルですか？

日本の家の多くはインテリアがシンプルで、カラフルな色を取り入れている家は珍しいほうです（というよりも、白、黒、こげ茶、白木などのモノトーンを使いながらも全体的に統一感がなく、グチャグチャな印象の家が多いです。これはカラフルとはいいません）。

それに対して、**富裕層の家や他の先進国の住まいを見ると、カーテンや壁などにアクセントカラーを好んで用いています**。

実は、色には大きく二つの活用法があります。

一つ目は、色が人の心理に与える力を活用する方法。二つ目は、家相で用いる各方位に適したラッキーカラーを活用する方法です。

ラッキーカラーに関しては一部、間違った認識で情報発信がされているので、後述する内容をしっかり把握してこうした情報を鵜呑みにしないよう注意が必要です。

また、**風水や家相でOKな色であっても、人の心理から見てNGな色もあります**。**その代表格が、寝室に赤色を使うというものです**。

赤は、家の重心から見て、南西、北東、家の中心付近のラッキーカラーになりますが、ラッキーカラーだからといって寝室に使うと、興奮して寝付けません（笑）。

寝付けない理由は、人は寝入る際に自然と体温を下げるようにできているのですが、赤は人を興奮させる作用があり、体温が下がりにくくなってしまうからです。

逆に、この作用を有効利用しているのが中華料理などの飲食店です。赤を多用した屋内では食欲が進むので売り上げにも繋がります。

以前、通っていた中華料理店が赤を基調にして繁盛していましたが、その店が移転後、食欲を減退させるブルーを基調にしてリニューアルしたため、客足が遠のき潰れてしまったのを見たことがあります。とてもおいしかったのに残念でしたが、色はそれくらい人に影響を与えるのです。

このように、色の力が分かってきたところで、金運を高めるためにはどのように使えばいいかを説明します。

やりたいのは、**各方位のラッキーカラーをその方位の部屋に施す**ことです。

その中でも特に金運に関わる方位は……というと、シンプルに該当する方位を答えられれば良いのですが、実は、金運はすべての方位に関わっています。

ここでは、各方位の特徴とラッキーカラー、金運との関わりを解説していきます。

北

ラッキーカラー：ピンク、オレンジ、金、銀、パール色

金運との関わり

健康と家族運をつかさどっている方位。健康不良になると根本の金運のパワーが落ちます。また金運を永続的に保つには、家族の協力が不可欠です。ラッキーカラーを活用しながら、健康と家族関係に気持ちを配りましょう。

北東

ラッキーカラー：黄色、茶色、ベージュ、赤、紫

金運との関わり

相続の運気に関わる方位。エネルギーが滞っていると相続問題が発生します。また変化などに追従できる心構えを強化する方位でもあります。非常に変化の激しい世の中に追従するには非常に重要な方位です。また家相の鬼門方位でもあり、清らかなエネルギーが発生している場所でもあるため、ラッキーカラーと合わせて場所を整え、浄化することが重要です。

東

ラッキーカラー：黒、白、緑

金運との関わり

行動力をつかさどっている方位なので、金運を高めるためのきっかけになる行動力を高めてくれます。逆にいうとこの方位が整っていない場合は、行動することが億劫になり、身動きが取れなくなります。なぜか行動が取れない人はこの方位をまず整えることから始めましょう。

南東

ラッキーカラー：黒、白、青、藍色

金運との関わり

実りの象徴の方位。特に遠方との縁を育んでくれる方位でもあるので、この方位を強化すると、オンラインやSNSなどを使ったビジネス展開の金運上昇には非常に役に立ちます。

南

ラッキーカラー：緑、青、藍色

金運との関わり

直感力、勝負運、アイデア力など、金運アップに欠かせない能力を発揮するためには非常に重要な方位です。この方位を整えれば整えるほど、クリエイティブなアイデアが降ってくる、勝負運が強くなる、クジ運が良くなるなどの変化が起こりやすくなります。

南西

ラッキーカラー：黄色、茶色、ベージュ、赤、紫

金運との関わり

持続力に関わる方位。また衝動的に動いてすべてをご破算にしてしまいがちな人は、この方位を整えることで、そういったパターンにも陥らなくなります。

普段からイライラしがちな人も、この方位を整え強化することが非常に有効です。

持続力の中にある根底に熱い情熱が流れながら、穏やかな心を持つことは、金運を高める上でも原動力になります。

西

ラッキーカラー：金、銀、パール色、黄色、茶色、ベージュ

金運との関わり

金運の根底で一番重要な人との信頼関係を強化する方位。信頼関係を築くことが、

\\インテリアやアイテム選びの参考に//

金運を呼ぶ各方位ラッキーカラーについて

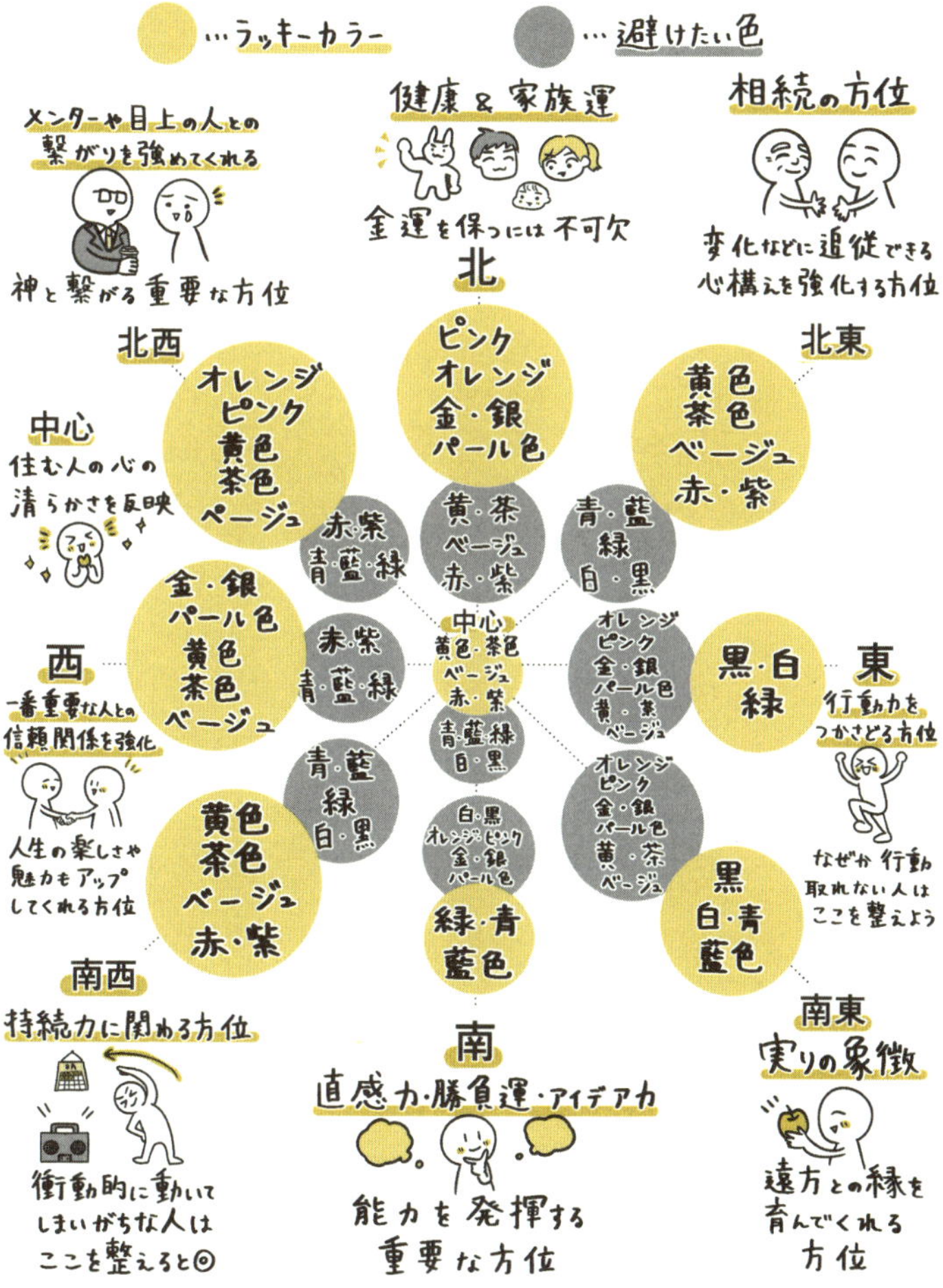

永続的な金運を促してくれます。また人生の楽しさをアップしてくれる方位でもあるので、あなたの人間性をほがらかにしてくれ、人間的な魅力アップにも繋がります。
ちなみによくいわれている「西に黄色」というのは、ほんの一例にすぎません。

北西

ラッキーカラー：オレンジ、ピンク、黄色、茶色、ベージュ

金運との関わり

この方位を強化すると、メンター や目上の人との繋がりを強めてくれます。また、意識の高い人を引き寄せる力も強くなり上質な人脈形成が可能になります。
北西は神と繋がる重要な方位ともいわれているので、ピンチに陥ったときにこの方位を重視して整えれば、ピンチをチャンスに変えてくれる恩寵に授かりやすくなります。

家の中心

ラッキーカラー：黄色、茶色、ベージュ、赤、紫

金運との関わり

家の中心はあなたや住んでいる人たちの心の清らかさを反映しています。金運やキレイな色のお金の流れは、家の中心付近と連動しているといっても過言ではありません。

家相を使用して色を用いる際にもう一つ、留意したいのは、**方位に対するラッキーカラーがある反面、相性の悪いアンラッキーカラーも存在する**ことです。アンラッキーカラーをその方位の部屋で使うと、疲れやすかったり体がだるくなったり、集中力が続きにくいなどの現象が起こりやすくなります。

各方位のアンラッキーカラーは次のとおりです。

北：黄色、茶色、ベージュ、赤、紫
北東、南西、家の中心付近：青、藍、緑、白、黒
東、南東：オレンジ、ピンク、金、銀、パール色、黄色、茶色、ベージュ
南：白、黒、オレンジ、ピンク、金、銀、パール色

西、北西：赤、紫、青、藍、緑

それぞれの方位の部屋にこれらのアンラッキーカラーを使っている場合は、色が与える心理作用を踏まえた上でラッキーカラーの中から部屋の役割に適した新しい色を選び、部屋のイメージをリニューアルしてみてください。

11 毎日宣言できる神棚やシンボルアイテムを購入して設置する

金運が高い多くの人たちは、毎日、今日やることを明確にするために宣言する習慣を持っています。したがって**家の中に「宣言する場所」を意識して設けています**。

人によっては神棚に向かって宣言したり、部屋の一角にシンボルになるようなモニュメントを置いて宣言したりしています。お仏壇に手を合わせて宣言するのもＯＫです。

朝一番にこうした場所で今日やることを宣言し、寝る前にはその日あった出来事に感謝して一日を終える、という行為を日常的に行っています。

それらの習慣を持っている人は、一日を丁寧に過ごしているので運気が良くなります。あなたの家にこうした場所はありますか？

ない場合は、ぜひ、作ることにしましょう。

宣言する場所を作る際に家相から見て最適な方位は、家の重心から見て北西の方位にあたる部屋や場所です。ただし方位が良くても、汚れやすいキッチンや湿気がこもるバスルーム付近に設置するのは避けてください。ちょうどいいスペースがない場合は、家族が集まるリビングに設置します。

設置するシンボルやモニュメントは基本的に何でもいいですが、あなた自身が「このシンボルの前で宣言すると願いが叶う気がする」と感じられる物を選んでください。そうしたモニュメントがなかなか決められない人は、今私が本書の読者に向けて金運アップに繋がるシンボルを作成していますので、少々お待ちを！（詳細は、公式LINEでお伝えする予定です）

金運アップにおいても、家の中に宣言する場所を持ち習慣にすることは幸運を呼び寄せます。前述の「あなた自身とお金との関係を健全にする」話で、お金に対するメンタルブロックが働いているのを自覚した人は、こうした場所を使い、お金との関係性を良くしていくのも手です。

金運アップに欠かせないことの一つに「お金をワクワクして使う」というものがあります。お金を使う際のポジティブな動機づけは、あなたが感じている以上に重要です。

たとえば、日常で何かの支払いを現金でするとき、チクッと胸に痛みが走る感覚を覚えたことはないでしょうか？

思い当たるふしがある人は、「あ〜、またお金が出ていく。イヤだなあ」と思って、自分の身を削るような喪失感や支払った自分に罪悪感（＝ネガティブな感情）を覚えているのです。

近年はキャッシュレス決済が日常化し、わざわざお財布を開いて現金を取り出し支払いをする場面が減りました。以前よりはお金を手放す感覚が鈍化しやすく、特に若い世代では、これが原因で使い過ぎによるカード破産が多発しています。

こうして出ていくお金に無意識になるのも問題ですが、お金の支払いをネガティブ

「神棚」は北西方位の部屋に設置する

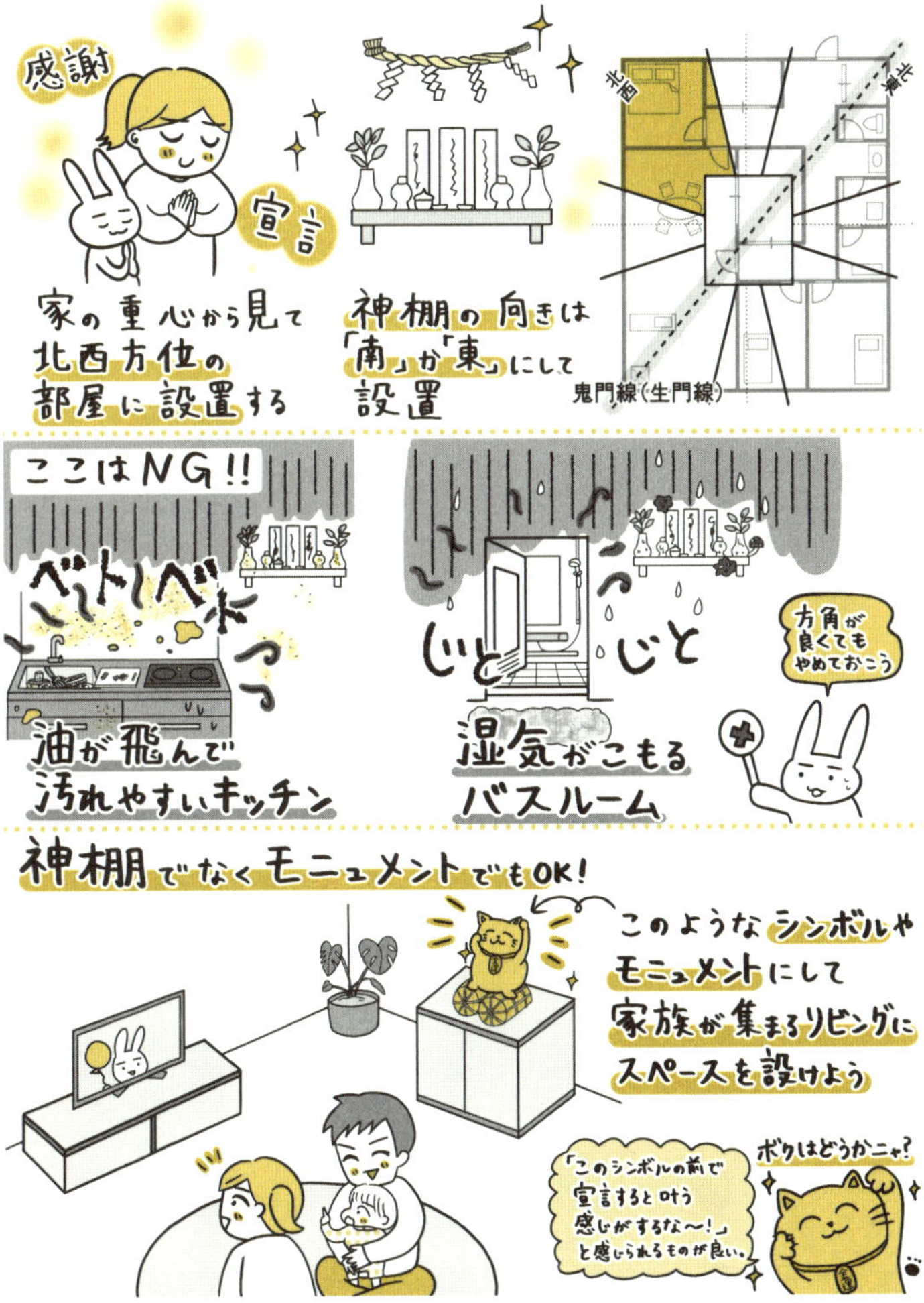

に感じすぎるのもお金との健全な関係を築く上ではあまりいいことではありません。

チクッと胸が痛む感覚を無視しろというのではなく、ここで重要なのは「お金を支払う際に、もしネガティブな感情が湧くなら、まずそれを自覚する」ということです。

自覚がないままお金の支払い自体をネガティブに感じ続けていると、金運がいい状態にはなかなかなれません。

そこでおすすめなのが使うお金に「キレイな色」のイメージを持ち、「意識的にワクワクすることにお金を使う」ようにすることです。

お金を支払うときに痛みが伴いやすい習慣に、ポジティブな動機づけを意図的に行うようにするのです。

たとえば、**毎朝「今日は○○することにワクワクしてお金を使おうと思います。楽しみです」などと宣言し、使うときにもお金に「ありがとう」といいながら相手に手渡し、毎晩寝る前は「今日は○○して充実した日でした。ありがとうございました」と感謝を述べる習慣を作ってみてはどうでしょうか**。

これを日々繰り返すと、気が付くと、お金を支払うときの痛みは消えて、無駄遣いも少なくなっていきます。意識してお金をワクワクすることに使いましょう。

12 オンラインの交流で金運をアップする

家を使って人との繋がりを深めるテーマでこれまで話をしてきましたが、人との交流は直接会って話をするだけに留まりません。今ではオンラインで人脈を拡げられるようになりました。

多様化するネットのコミュニケーションツールを上手に使い、同じ趣味、興味を持つ人とどんどん繋がって仲間の輪を拡げている人も少なくありません。ビジネスにおいても、オンラインによるコミュニケーションは欠かせないものです。

ただし、オンラインで初対面でも気軽に繋がりやすくなった一方で、直接会わない分、相手がどんな人かの情報を得にくくなったという面もあります。**とりわけビジネスシーンでは、成功している人ほど、関わる相手をじっくりと見定めています。**

たとえば、ビジネスで成功している人は、リアルでの初対面で相手のある部分を見ています。

ある部分とはどこでしょうか？

それは、その人が履いている靴の状態です。

靴をどれだけ丁寧に扱っているかは、そのままその人の人間性を表しているという考えがあります。靴が汚れていたり、粗末だったり、脱いだときの扱いが雑だったりすれば、基本的にその人と距離を取る選択をする人もいます。

最近では靴以外に、相手のスマホ画面の状態を見ている人もいます。スマホの画面が割れていたり、保護シートが割れたままになっていたりしているのは、靴が汚れた状態と同じだと判断しています。

対面ではこうして持ち物をさりげなくチェックできますが、オンラインでは難しくなります。では、成功している人たちはオンラインで人と繋がるときに相手のどこを見ているのでしょうか？　また、自分の印象を良くするためにどうしているのでしょうか？

大きく二つあります。

一つ目は、**画面に写る背景**です。二つ目は、**顔の明るさ（部屋の照度）や表情**です。

背景画像は、実際の背景の場合と、合成している背景画像の場合があります。金運がアップする人は、相手に与える第一印象を大切にしているので、合成している背景画像は基本的に世間に溢れている物は使いません。

「おっ、これはセンスいいね！」と思わせる背景画像を見つけてきて使用しています。

ただし、金運ハウスを推進している私のおすすめは、背景には合成画像ではなく、自宅にしろオフィスにしろ実際の部屋の背景を使用することです。なぜかというと、**背景画像をリアルな背景にすることは、相手をウェルカムするのと同じような効果があるからです**。

ポイントは「センスよくまとめること」です。

ウェルカムな雰囲気を出すには、ガランとした何もない部屋よりも、観葉植物が飾られていたり、壁にセンスのいい絵画や飾り物があったりしたほうが好ましいです。

映し出す背景は、着ている服のファッションセンスを見せるかのごとく演出してみてください。

次にライティングです。

オンラインミーティングや会議で、部屋が暗くてあなたの顔や表情がよく見えないのは最悪です。そのような状態で、「あなたと話をするのを楽しみにしていました！」という気持ちが相手に伝わるでしょうか？

オンラインにおいても第一印象は大切です。画面を通して相手に暗い印象を与えるのは、みすみす金運を取り逃すのと同じ行為です。

部屋の照明が暗い場合、オンライン専用の照明を使うようにすれば、顔や表情がよく見えて印象をアップできます。具体的にどうすればいいか、詳しくは5章で触れます。

オンラインでの交流において、積極的にやって欲しいことがあります。それは金運に恵まれている人をメンターに持ち、その人と繋がることです。

前述したようにお金の価値観で人生が大きく変わるため、**金運に恵まれている人の**

お金の価値観を身につけることが金運アップには欠かせません。

実際に私が設計させていただいた数組のご家族も、そういったメンターを持ってから飛躍的に金運をアップさせて経済的自由を手に入れました。メンターを見つけてから人脈の輪をどんどん広げて経済的に豊かになった友人もいます。

以前は眺めているだけだった憧れの人も、今はオンラインサロンなどを通して交流しやすくなっている時代です。指をくわえて見ているだけでなく、話を聞きに行ってみる、自分を認知してもらえるように話しかけてみる、悩みに対してアドバイスを仰ぐなど行動してみてください。

なお、手前味噌で恐縮ですが、私が2020年から主催している「オンラインサロン幸せなライフスタイル研究所」でも金運に関するレクチャーをしています。興味がある人は一度、扉をたたいてみてください。

上級編　どんどんお金がやってくる！　家の使い方をマスターする

13 ワンコインでテーマを決めてお茶会を開いてみる

コロナ禍以降、多くの人の働き方が変わりました。企業が副業禁止の規制をなくし、副業を推奨する流れも生まれました。

けれども、まだまだ収入に関しては従来の固定観念から抜け出せないでいる人が多いです。勤め先からの収入のみを頼りにし、それ以外でお金を得る方法を見つけられていません。近年、新NISAなどの資産運用にようやく興味が集まる程度です。

こうした資産運用も大切ですが、それだけでは金運の上昇はなかなか望めません。

さらに現状が「収入≦支出」の家庭の場合は、貯蓄が目減りする一方でしょう。

では、根本的に打開するにはどうすればいいのでしょうか？

それは**今ある収入以外で、あなたが自発的にお金の流れを作り出す**ことです。その流れが金運を高めてくれます。

そうはいっても、

「専業主婦だし、パート以外でお金を得たことがない」

「仕事以外でお金を得る方法を知らないです」

という人も多いでしょう。

そこで試して欲しいのが、**テーマを決めて、ワンコイン（500円）で人を招いてお茶会を主催する**という方法です。

テーマはあなたが興味があることならなんでも構いません。

声を掛けたら集まってくれそうな知人がいるテーマを選ぶといいと思います。


たとえば、あなたが以前からアロマに興味を持っていて本で調べたり、勉強会に参加したりしていたとします。

アロマのさまざまな効能について、一般の人よりもちょっと詳しい知識が身についてきた頃に、「アロマなお茶会」といったテーマで自宅に人を招くのです。

ちょっとしたお茶菓子などを用意することにして、「お茶代としてワンコインいただきます」ということを告知して参加者を募ってみてください。

私のクライアントで元々、事務職で働いていた女性が、新築を期にこのようなお茶会からスタートしてアロマを通じて起業に成功した方がいます。

「人にお金をもらうなんて……」と思う人でも、チャレンジしてみてください。

日本人の多くが「仕事以外でお金をもらってはいけない」「個人的にお金をもらうのははしたない」という観念が強く、ワンコインいただくだけでもはじめはかなりの勇気が必要になります。前述したお金に対するメンタルブロックのせいです。

私にも、同じような経験が過去にありました。今から20数年前になりますが、11年間勤めていた設計事務所を退職して、独立し設計事務所を開設したときのことです。初めていただいた仕事は、リフォームのデザインと現場監理でした。現場が完成しお引き渡しをした後に、対価として50万円を振り込んでいただきました。個人事業として設計事務所を立ち上げた私個人名義の口座にクライアントからお金が入っていたのです。

会社員だった頃は当然、会社の名義で給与が振り込まれていましたが、クライアントの名義で私個人の口座に直接大金が振り込まれ、なぜか悪いことをしたかのように動揺しました。そのとき、申し訳なさや違和感、お返ししたい気持ちなど色々な感情が湧いてきたのです。これはまさに私自身がお金のメンタルブロックにやられていた証拠です。

世代や個々によってお金に対する感じ方は違う部分もありますが、40代以上の方は、私と同じようなメンタルブロックにかかっている可能性があります。そのブロックを打ち破るのがこの「ワンコインのお茶会」の主催です。

お金に対するメンタルブロックを打ち破るだけでなく、自宅に人を招くことに抵抗感がある人の場合は、それを打ち破るのにも役立ちます。

「**幸運は人が連れてきて、金運は人の感謝が連れてくる**」

このフレーズは、『幸運すまいチャンネル』や本書を通じて何度となくお伝えしていますが、人を介さずに金運を永続的に高めることはほぼ不可能です。

インターネットなどでビジネスをしたり、資産運用でお金を増やしたりするのは、人を介さないように感じるかもしれませんが、そうではありません。

インターネットビジネスも人の心にどのように共感を生み出すことができるか？資産運用にしても、どの銘柄などに人の気運が集まっているか？　が鍵になります。人のことに興味を持たないと気運なんて分かりません。

実際に金運を高めている人は、ほぼ全員、人との関係性の中でその気運を高めています。ヨシダソース創業者の吉田潤喜さんは「金儲けやない、人儲けや！」といわれています。人がどんどん良くなることをやっているとお金は後からついてくる、金運の神髄はそこにあると確信しています。

始めのうちはワンコインをいただくことで罪悪感が湧くかもしれませんが、あなたの体験や知識を分かち合うことが、相手の喜びに繋がる「人儲け」になっているという視点を意識しながら、ワンコインイベントにチャレンジしてみましょう。

14 金運の高い人に家に遊びに来てもらう

「こけら落とし」という言葉をご存じですか？

こけらとは、材木を削ったときに出る木屑を指していて、新築や改装した劇場などをオープンする際のお披露目に、最後に手を入れた屋根や足場に残った木屑を払い落とすという意味で使われている言葉です。歌舞伎や演劇で「こけら落とし公演」のように使われています。

建築の設計に携わって30年以上、私はこれまでに住宅以外にも、学校施設や博物館、物産館などの一般建築の設計にも50件以上関わってきました。その中で、大型ホールがある施設では、完成してすぐのタイミングで「こけら落とし」とばかりに大物歌手を招いてコンサートを開催するのを幾度となく見てきました。

「そんなに大枚はたいて、こんな地方都市のホールにわざわざ大物歌手を呼ぶなんて意味があるのだろうか?」と、その当時は正直、いぶかしく思っていました。

しかし、建築と運という分野を探究し始めてからは、「こけら落としは非常に重要なイベントだ」と、以前とは真逆の考えを持つようになりました。

なぜ、「こけら落とし」が重要なのか?

前著でも触れた、ルパード・シェルドレイク氏の形態形成場理論がその重要性に気づかせてくれたのです。**形態形成場理論とは、私なりの解釈でお伝えすると「その空間に記憶や感情が蓄積される」というものです**。

第3章の「なぜか具合が悪くなってしまう場所」や「言葉による空間の浄化」の話も、これと同じ考え方によるものです。

たとえば、さっきまで夫婦喧嘩をしていた部屋に子どもが入ってきたら……。子どもは不穏な空気を察して、不安な感情を抱きます。あなたも子どもの頃、そんな経験をしたことがないでしょうか？

街中でも同じような現象が起こります。

お店が入れ替わっても入れ替わっても、すぐに潰れて「テナント募集」の張り紙が出る場所。そんな場所を見たことがありませんか？

おいしいものを提供していても赤字が出やすい飲食店は、味やサービスが悪いのではなく、私にいわせれば場所が悪いのです。**過去に蓄積された感情は、良くも悪くも、**

金運の高い人を招いて「こけら落とし」をする

「こけら落とし公演」とは?
新築・改築をした劇場などで初めて行われる公演のこと

その空間には記憶や感情が蓄積される

金運が高い人と繋がったら
その人を招いて家の「こけら落とし」をしよう!

記憶となってその場所に留まっています。これまで「マズイ！」という感情が蓄積された場所では、なぜか不味く感じてしまうのです。

こけら落としも、この空間記憶が作用していると考えています。一度大物歌手が来たら、それと同じような規模のイベントが次々に舞い込み、場所を繁盛させる力を発揮させるのです。

では、この空間記憶の力を金運に活用できないでしょうか？

それが「**金運の高い人を家に招く**」ということです。「家のこけら落とし」といってもいいでしょう。

金運の高い人を家に招くと、その家が引き寄せるお金の器が大きくなります。

今から10年近く前に、私の家に、富裕層の方が遊びに来てくれました。そのときに彼が「この家のお金の器を広げておくね」と笑いながら、指先をクルクルッと回しておまじないのようなものをかけてくれました。

冗談だと思って笑って見ていたのですが、びっくりすることに、元々、家相を整えて設計していた自邸にもかかわらず、その年の私の収入が一気に2倍近くに跳ね上がりました。こけら落としのパワーはそれほど強烈なんだと実感しました。

あなたの周りで一番金運が高くて、お金に愛されている人を家に招いてみましょう。

それをはじめの一歩として、金運の高い人がどんどんあなたの家に訪れるような流れを作り出しましょう！

15 ワイン会などを開いて上昇志向のある人を定期的に招く

ワンコインでお茶会を開くことに成功したら、その次に持って欲しいのが「どんな人を家に招くか？」という視点です。

気の合う人を誘ってお茶会を開いたときに、結局、集まった人たちと他愛のないおしゃべりに興じることになり、その延長で、いつの間にか愚痴を言い合うだけの場になってしまうケースもあると思います。

それはそれでストレス発散にはなりますが、愚痴は人の思考をネガティブに陥れてしまうので、金運を高める場にはなりにくいです。

そこで、おすすめしたいのが**自宅でワイン会を開催する**という方法です。

なぜ、ワイン会なのか？

理由は、**ワインをたしなむ人には上昇志向の強い人が多い**からです。

「私の周りに上昇志向の人なんてなかなかいない」と思う人もいるかもしれません。しかし、「ワインをたしなむ」をテーマにして人を誘うと、テーマに相応しい人だけが集まってきます。また、ワインという共通のテーマで集まってくる人たちなので、会話も弾みやすくなります。

私の知り合いに、保険の代理店をしていて地域NO．1になった女性がいるのですが、その女性は月に1度、ワイン会を開催していました。場所は自宅や、ソムリエのいる飲食店を貸し切って行っていました。

彼女はワインが大好きで、ワイン好きの人に集まってもらい、一緒に楽しむことだけを考えてその会を主催していました。来る人に「保険の代理店をしています！」と口外もしませんでした。

ところが、集まった人たちが口々にこう言い出し、面白いことが起こります。

「いつも主催してくれている○○さんって、普段何をやっている人なの？」

「本人はあまりいわないけど、生命保険を扱っている代理店をしているみたい」

「へぇ〜、そうなんだ！　じゃ、何か困ったら彼女に相談すればいいわね！」

こうして自然と口コミが広がり、宣伝をしたわけでもないのに、彼女の商品の売り上げがどんどん伸びていったのです。**人との交流が金運を呼んだ典型的な例**といえます。

ワイン以外にも、「日本酒の会」「シングルモルトウィスキーの会」などもいいと思います。お酒を呑めない人は、同じく上昇志向がある人が集まりやすい「テニスの会」や「乗馬の会」「海外旅行を楽しむ会」「海外でクルーズを楽しむ会」などもおすすめです。

もし、「会を主催するなんて、やったことがないから難しい」と感じる人は、まずは参加者として、そうした会を探して積極的に足を運んでみましょう。そこで主催者に話を聞いたり、手伝いをしたりして経験を積むといいと思います。

自分で主催することに意味がありますので、準備ができたら挑戦してみてください。

以上が金運と幸運を引き寄せるためにできる15のポイントでした。ピンときた項目からで構いませんので、ドキドキ&ワクワクしながら実践してみてください。気づくとあなたの周りの環境がガラッと変わってくるのを実感することでしょう。

第5章

【予算別】あなたの家を最高の金運ハウスにするためのポイント

最高の金運ハウスに近づける！　予算別の具体例

最終章では、これまでお伝えしてきたことを踏まえて、あなたの家を最高の金運ハウスにするための、より具体的な方法をお伝えしたいと思います。

行動に移しやすいヒントを得てもらう目的で、**予算別に家の改革に取り組めるノウハウ**をまとめました。

ご自身の住まいの家の中のこと、あるいは家そのものに目を向けて、今よりさらに金運が舞い込む暮らしが手に入るアイデアを探ってみてください。

家は自分の手で育てていくものです。急がなくても大丈夫。**手の届くことから始めて、徐々に理想的な住まいに仕上げていきましょう**。

まずはお金を全くかけずに金運ハウスにする方法からスタートしてベースを作りましょう。また100万円以上かけて金運ハウスに整える方法までお伝えしているので、それぞれの予算に合わせた金運ハウスにするためのポイントを見ていきましょう。

まずは無料でできることから始める

ちょっとしたことで意識が変わり、金運に直結したクリエイティヴィティがアップすることや、金運アップの要として絶対に押さえておいたほうがいいことなどをお伝えします。

扉に背を向けた椅子のレイアウトを扉に向けて置き直す

即効性があり、節易的に調整できる内容からお伝えします。

家の中を見渡してみてください。廊下から部屋に入るときに、扉に背を向けて配置をしている机やソファーはありませんか？

これは、子ども部屋に置いている学習机も一緒です。もし、**扉に背を向けて椅子が配置されるように机をレイアウトしていたら、扉に向いて座れるようにレイアウトを調整しましょう**。

なぜ、そのようにする必要があるのか？

人は、自分の見えない場所から人が入ってくる場合、無意識に緊張してしまいます。勉強や読み物に集中していても、後ろでドアが「カチャ」と開いたり、ドアをノックされたりするだけでも集中力が完全に途切れます。

これが不思議なことに、ドアが目線に入る位置でノックされても、集中力は途切れず作業も持続できます。

レイアウト的に扉を正面にすることが難しいときは、顔を横に向けて見える位置にレイアウトを調整しましょう。一番避けたいのは、扉を開けた正面に完全に背中を向けて座る配置です。すぐにチェックしましょう。

■泥棒に狙われないように家に工夫をする

金運アップは攻めの部分も大切ですが、実は守りの部分も非常に重要です。守りとはすなわち「**防犯対策**」です。

泥棒の被害に遭ったことがない人は、ニュースでそうした事件を見ても他人事と思ってしまいやすいです。私もそのうちの一人でした。しかし、今から20数年前に冷や汗をかく出来事が起きました。

夜中に目を覚まして、2階の寝室から1階のトイレに行くために階段を下りていたときのことです。何となくリビングで人の気配を感じたのですが、寝ぼけていたのでそのままトイレを済ませて寝室に戻って寝ました。朝起きてびっくり！　ダイニングテーブルの上に私たち夫婦の財布がキレイに並べられていて、お金がごっそり抜かれていたのです。

わざと目につくところに置いたのは、その泥棒の流儀なのでしょう。盗られたのは現金のみでしたが、「あのとき、泥棒と遭遇していたらどうなっていたんだろう……」と背筋がぞっとしました。

泥棒の侵入ルートになったのは、トイレの壁の上のほうにある50cm角ぐらいの窓でした。この窓は換気のためにいつも少し開けていたのですが、そこから侵入され、出ていくときはリビングの掃き出し窓を開けて外に出たことが分かりました。

私服警官がやってきてすべての指の指紋を取られるなど、今となっては苦い思い出です。けれどもそんな経験をしたことで、金運と泥棒による被害は切っても切れない関係だと認識するようになりました。

私のケースのように就寝中に侵入される場合もありますが、家に誰もいない時間帯を狙った空き巣被害も非常に多いです。警視庁の調べによると、2023年に東京で起きた泥棒被害の発生件数は2147件。このうち約3割が空き巣の被害だったそうです。

泥棒に入られないようにするには一体どうすればいいのでしょうか？

最近は空き巣が狙った家にマーキングをしていることがあるそうです。マーキングする場所は玄関ドアの上部、表札の端、インターホン周り、郵便ポスト、電気、ガス、水道メーターなどです。

ここに何かの文字が書かれていたりシールが貼られていたりする場合は、空き巣があなたの家を事前に調査している証拠です。こうしたマークがついていないか調べてみてください。見つけたらすぐに取り払いましょう。取り払うことで空き巣が警戒して、狙う順位を下げてくる可能性が高まります。

金運ハウスにするためには空き巣に狙われにくい家にすることが大切です。他人事と思わずに、次の5つの対策を実践してください。

対策1：換気のために開けている窓は必ず閉める

まず前提として、戸締りの意識を高めましょう。換気のために常時、開けっぱなしにしている窓はありませんか？　それが家の外から見て分かりづらい位置にあると、気づかれずに侵入できるため、狙われる可能性が高くなります。

家にいる場合でも安心せずに、換気が終われば窓は閉める習慣をつけてください。

また、よく開放する窓には最低限格子をつけましょう。

対策2：郵便受けに郵便物やチラシを溜めないようにする

郵便受けに郵便物やチラシを溜め込んでいませんか？　郵便物やチラシで溢れている郵便受けは、住人が不在がちな家だと周りに示しているようなものです。こうした家は空き巣に狙われやすくなります。郵便物は溜めないようにしてください。

もし旅行や出張などで家を不在にしやすい人は、部屋にタイマー付きの照明を導入するのも手です。夕方になれば照明がつき、夜間は消灯する設定にしておけば、留守中でも人がいるように周りに思わせることができます。

対策3：留守番電話のメッセージを工夫しよう

「ただいま留守にしています」という留守番電話メッセージは、電話をかけてくる相手に不在を知らせてしまいます。空き巣があなたの家の電話番号を入手しないとも限りません。

空き巣に入る際に電話をして電話に出るかを確認してから家に侵入する泥棒もいますので、留守番電話設定を使うにしても「今、手が離せませんので……」といったメッセージに変えるか、携帯電話に転送する設定にするなどし、不在を知らせないようにしてください。

対策4：足場になるようなものをなくす

空き巣被害に遭うのは1階の部屋が多いといわれていました。しかし近年は事情が変わってきていて、2階のベランダや窓から泥棒に入られるケースも多発しています。「2階だから大丈夫だろう」と安易に考えて窓の施錠をしないのはマズいです。2階でもちょっとした足がかりがあれば、そこから登って侵入されてしまいますので、安易に考えるのはやめましょう。

また、マンションの高層階の場合も同様です。「高層の最上階であれば問題ない」と不用意にテラスの窓の施錠をしないままでいると、地上ではなく屋上から降りてきて侵入されるケースもあります。侵入ルートになりそうな造りには十分気をつけて、足場をなくすなどの対策をしてください。

対策5：庭やベランダの手入れを怠らないようにする

庭やベランダの手入れが行き届いていないと、空き巣に目をつけられる可能性があります。住人が長期間不在にしているのではないか、住人が年配者で注意力が行き届かないのではないかなどと勘繰られ、ターゲットにされるのです。庭やベランダの手入れは防犯にも繋がります。

また、住民構成が特定されない工夫も必要です。特に独身の女性が一人で住んでいる家はターゲットにされやすい傾向があります。洗濯物を干す際には庭やベランダに男性ものの下着や服を加えればカモフラージュになります。

以上の5つの対策を施して、泥棒に狙われにくい家にする工夫をしてください。

予算3000円からできる家の改革

ここからは少額ですが費用をかけることで気分が一新し、思わぬ効果を発揮してくれる物があります。金運に直接的に関係するものから間接的に関係する物など、これまで効果を実感したものを紹介します。

キッチンの調理器具や食器をお気に入りの物に買い替える

包丁や鍋、ボウル、お玉、ヘラ、フライパン、茶わん、お皿、小鉢、まな板、スプーン、フォーク、箸……、キッチンにある調理器具や食器などは長年使っている物ですか？

もちろん愛着を持って使っている物であれば、愛情込めて磨き上げて使うのはとてもいいことです。しかし、茶わんが欠けていたり、まな板の汚れが取れなくなっていたりすると、それは「こんな程度の物しか使えない自分」と自己価値を下げてしまい、合わせて金運も大幅にダウンします（人によっては、すでにダウンしている状態から全く上がれない状況です）。

欠けた物や汚れた物を使うことは、自己価値を下げてしまうので金運上昇を大きく妨げます。

食器に関しては、陶器市などに行って気に入る食器を探したり、気に入った食器が見つかったら、その食器を作っている工房まで足を運んだりするのも楽しい時間になります。

調理器具も、これから一生使う気持ちで、お気に入りのメーカーを探すのに時間をかけてみるのもいいでしょう。

富裕層の友人は、アメリカにしか売っていない銅製の鍋を、夫がアメリカ出張するたびに探してもらって一つひとつ買いそろえていました。個人的には、柳宗理のステンレスボールを使っていると興奮してしまいます（笑）。

あなたがワクワクする、興奮する調理器具は何でしょうか？
愛情込めて使い続けたい物を探し出してください。

ひと部屋に二つ以上観葉植物を置く

金運ハウスに植物は欠かせないという話をしました。家相的には、観葉植物は一つの部屋に二つ以上置くとよりいいといわれています。一つだと悪い気を受け続けて枯れてしまう可能性があるからです。

二つ以上あると、その二つの間でエネルギーを循環させて補い合いながら、効果も増大して発揮できると考えられています。**一つの部屋に二つ以上の観葉植物を置いてみましょう**。これは家相の秘伝の一つです。

植物というものは意思がなく、枯れるまで永遠にエネルギーを放出します。森林浴が体にいいとよくいわれますが、新鮮な空気と森林から出ているエネルギーを永続的に受けることができるからです。気功をする人なら、木に手を近づけるだけでもそのエネルギーの流れを感じとれます。家の中では観葉植物が非常に役立ちます。

観葉植物の置き場所についてですが、TVのそばに置くと、電磁波の影響を先に受けてくれるので枯れやすいことがあります。観葉植物は自分が枯れそうだからといって電磁波や悪い気を受けるのをやめるというような意思はありません。

二つ目の観葉植物は一つ目と同じ種類がいいのか、違う種類がいいのかという質問もよくいただきますが、特に同じ物にする必要はありません。ただ、**その部屋の用途に合わせて種類は見極めるようにしてください**。

また観葉植物は、日中は酸素を放出しますが、夜は酸素を吸い込みます。そのため、寝室に観葉植物を置くと、寝室の酸素濃度が低くなるのではないかと心配する人もいますが、微々たるものなので心配は無用です。それ以上に観葉植物から出る森林浴エネルギーを享受できることが吉だと考えましょう。

観葉植物は安い物だと100円ショップでも販売されています。育て方にはコツがいりますので、初心者はいきなり高額な物を買うのは避けたほうが無難です。比較的値段の安い物を買って、うまく育てる練習から始めてみてください。

予算1万円からできる家の改革

この価格帯になると、根本的に身の回りにある物を見直して、愛情を注げる物、ワクワクする物に置き換える大きなきっかけになります。一生使っていきたい物や気分を一新して金運を引き寄せる物を紹介します。普段意識しないとなかなか手を出せない物も含めて見ていきましょう。

カーテンをラッキーカラーに買い替える

一つのアイテムで部屋の雰囲気をガラリと変えたいとき、カーテンの買い替えはおすすめです。カーテンは買ったときから洗濯を一度もしたことがないという人も多くいるので、生活臭がつきやすい物でもあります。

もし、気分を一新したい場合は思い切って買い換えるのも手です。部屋の匂いが変わるだけでなく、部屋全体の印象も変わります。

どんなカーテンにするかは、まずは色選びから始めましょう。187ページで紹介したように、家の重心から見た各方位にはラッキーカラーが存在します。

たとえば、家の重心から見て東方位のラッキーカラーは黒、白、緑です。またアンラッキーカラーはオレンジ、ピンク、金、銀、パール色、黄、茶、ベージュです。

もし東方位にアンラッキーカラーのカーテンをつけている場合は、**ラッキーカラーのカーテンに替えるだけでも、その部屋のエネルギーレベルが上がります**。

ラッキーカラーのトーンは、パステルカラーのような明るいトーンは部屋を広く見せる効果があり、逆に濃い色は高級感や落ち着きを与える効果があります。部屋の壁紙や家具の色とカーテンの色のトーンを合わせることで一体感が生まれます。

また、部屋のメインカラーとは異なる色をアクセントとしてカーテンに取り入れることで、部屋に深みと個性を加えることができます。アクセントカラーを使う場合、部屋全体の25%程度に抑えると部屋がまとまった印象になります。

デザインについては、シンプルで流れるようなデザインは気の流れを邪魔せず、部屋のエネルギーをバランスよく保つ助けになります。無地のカーテンはシンプルで落ち着いた印象を与えますが、ボーダーやストライプ柄を効果的に使えば、部屋の広さや高さを視覚的に操作できます。部屋が狭い場合は、縦ストライプにすれば天井を高く見せる効果があります。

素材については、シルクやベルベットは高級感を、リネンやコットンなどの天然素材はナチュラルな雰囲気を演出します。天然素材は自然のエネルギーを取り入れやすく豊かな環境を作り出すことができ、部屋に温かみを与えます。部屋の役割に応じて遮光性や通気性などの機能性も考え、素材を選んでください。

カーテンは単なる装飾品ではなく、空間全体の調和や機能性を高める重要な要素です。これらを参考にしてお気に入りのカーテンを見つけましょう。

照度の下がった照明器具を買い替える

近年は蛍光灯からLEDに移行してきたため、照度の下がった照明器具が減ってきていますが、それでもまだ白熱灯や蛍光灯を使っている家も多く存在します。

LEDの場合は、照明の寿命が40000〜50000時間で、1日8時間使っても10年以上使用できます。

蛍光灯は1日8時間で3、4年。白熱灯は半年となるので、それらを目安に交換しましょう。

また、**気をつけたいのは、他の照明に比べて明るさが落ちている照明器具があるときです**。これは、その場所の停滞感を暗示しています。

たとえば、今にもダメになりそうな店舗などで、そういう照明が入り混じっている雰囲気をイメージしてみると一目瞭然です。すぐに家の中をチェックして買い替えましょう。


次に大切なのは各部屋の照度です。

それぞれの部屋の明るさの基準がありますのでそれをまず見てみましょう。
※JIS（日本産業規格）
- リビング・子ども部屋　30〜75ルクス
- キッチン　50〜100ルクス

- 浴室　75〜150ルクス
- トイレ　50〜100ルクス

ただし、団らん、娯楽、遊び、読書、勉強など作業や行動による基準照度にすると次のようになります。

- リビング　150〜300ルクス
- 子ども部屋・書斎　500〜1000ルクス
- 洗面（お化粧）　200〜750ルクス

部屋の基準照度に対して、団らんや遊び、読書や勉強となるとかなりの照度が必要になることが分かると思います。これらの照度は、天井についているシーリングライトやダウンライトではまかないきれません。デスクライトやスタンドライトを追加することも検討してみましょう。

低予算から始める家の改革案！

椅子や机のレイアウト変更

扉に背を向けた椅子のレイアウトは集中力が完全に途切れる

扉に向けたレイアウトに置き直そう！

正面の配置が難しい場合顔を横に向けて見える位置にしよう

欠けた食器を買い替える

使ってワクワクする、テンションが上がる物に！

カーテンをラッキーカラーに替える

部屋の雰囲気がガラリと変わってエネルギーUP

行動に合わせて照明の照度を整えよう！

リビングでゆっくり過ごしているとき

明るすぎる照明はいらない

子ども部屋で子どもが勉強しているとき

かなりの明るさが必要！

予算10万円からできる家の改革

気軽に買い替えることができない価格帯になってきますが、物を吟味して買い替えると一生にわたってあなたの生活の質を向上してくれて、上質なライフスタイルを手に入れることが可能です。

パフォーマンスも圧倒的に改善され金運アップの下支えになってくれるでしょう。

熟睡できる寝具に買い替える

金運を引き寄せるには日常のパフォーマンスアップは欠かせません。そのために良質な睡眠の確保は必須です。

口を酸っぱくしていいますが、睡眠を疎かにすれば人生の質をどんどん悪くします。

良質な睡眠にこだわるには、寝室や寝具にこだわることが重要です。

寝具は近年の家の場合は、床敷よりもベッドをおすすめします。理由はハウスダストです。

ハウスダストとは、チリ、埃、ダニの死骸のことをいいます。ハウスダストは夜から明け方になるにつれて堆積し始めて、明け方になると床から約30㎝くらいの高さまでハウスダストまみれになります。

毎日、掃除機をかける家庭ならいいですが、そうでない場合、床敷だと寝ている間にそれらを吸い込んでしまいます。ベッドだとハウスダストを吸い込むリスクが低くなります。

また、年齢を重ねると起き上がるときに床敷よりもベッドのほうがラクで、体にも優しい構造になっています。

寝具を買い替えるなら木製のベッドがおすすめです。

スチール製のベッドもありますが、スチールは通電性があるため、電磁波の影響を受けやすくなります。

同様にスプリングマットレスのコイルも、らせん形状の金属が電磁波の影響を受けやすいのでおすすめしません。

1980年代あたりまでは電磁波のことを取り上げるほど家電製品が多くなく、影響は少なかったのですが、今は、電磁波の影響などが大きくなっていることを考えると、木製のベッドでかつマットレスは金属製のスプリング以外のものがベストだと考えます。

「どうしても畳の上で寝たい」という方には、畳を敷いたベッドもあるので、こうしたタイプも検討してみてください。

寝具を購入する際は、できれば寝具店に行き、寝心地を試してからぴったりくるものを購入するようにしましょう。

かぶり布団に関してはそれぞれの好みで基本はいいのですが、重たくない物をおすすめします。なぜ多くの人が重い布団を使っているかというと、部屋が寒いからです。寒さをしのごうとすると、布団が重くなってしまうのです。

そこで**寝具と合わせて考えたいのが、寝室の温度、湿度管理です**。人が眠るときに快適に感じられる温度と湿度があります。夏は、湿度が60%以下で、室温が27度程度。冬は湿度が40%以上で、室温が20度程度。この条件をクリアするエアコン設定で就寝するようにしてください。

ところで、寝るときにエアコンをつけるのが嫌いな人もいますが、その理由は湿度にあります。

夏に部屋の湿度が60%以上で、冷房をかけるとベトッと冷気がまとわりついて、風邪をひきそうになります。冬に部屋の湿度が40%以下で暖房をかけると、過乾燥で朝起きると喉が痛いし肌が乾燥してガサガサになるなど、ふんだりけったりです。

こうした不快感からエアコンをつけたくない人もいるのですが、**寝室の湿度を年間を通して40〜60%に保てば、エアコンを使っても快適に眠れます**。加湿器や除湿器の導入を検討しつつ、最近はエアコンが湿度コントロールもしてくれるので、先に加湿、除湿の湿度管理をし、その後、室温コントロールをしてみましょう。

■愛情を込められそうなダイニングテーブルに買い替える

家の中の雰囲気を圧倒的に変えてくれる物があります。それがダイニングテーブルです。あなたの家のダイニングテーブルはどんなタイプでしょうか?

長年使い込んでいい味が出ている木製のもの、気づいたら天板の表面の汚れが取れなくなったもの、透明のビニールテーブルクロスがいつの間にか黄色くなってる！　物が乗りすぎていてどんなテーブルかすでに分からない……（苦笑）。

改めてその雰囲気が、その空間に及ぼしている影響の大きさを実感してください。

10万円以上の予算がさける場合は、ダイニングテーブルを買い替えることをおすすめします。素材に関しては、木製やガラス製などさまざまありますが、家族がメインで使うのであれば、場所が確保できれば円卓がおすすめです。

なぜなら、**人は真正面に座られると、敵対（対立）意識が湧きやすく、長方形のテーブルの場合は、できるだけ横に座りたいものです**。

それが円卓の場合は、正面に人が来ないように、少しずらして座ることができます。

もちろん好みにもよりますので、長方形でも「これ素敵！」と思うテーブルに出会ったら、家族に相談して、購入を検討してみましょう。

ここで一つ気をつけていただきたいのは、家族で住んでいる場合の購入の決定権は妻にあるということです。

キッチンとダイニングは、特に妻が大好きな場所にすることが非常に重要です。なぜなら、幸せな富裕層の方たちが「妻が家を大好きかどうか？　特にキッチンとダイニングが重要」と口をそろえていうからです。

幸せな富裕層というのは、ビジネスでももちろん成功しているのですが、家庭も合わせて充実しているような人のことをいいます。

ダイニングエリアの大きさなどにもよりますが、妻が遠慮せずに一番気に入ったダイニングテーブルを選びましょう。

オンライン交流がスムーズな環境に整える

今の時代、金運を高めたいのなら、パソコンとネット環境には投資するべきです。

もちろん、デジタルを使わずアナログ的に人と会って金運を高めたい人には不要なところはありますが、アナログでそれができる人はすでに金運が高い人です。

私自身も建築の仕事で現場に行く回数が減り、Ｚｏｏｍなどで打ち合わせをしたり、現場風景を中継してもらったりすることが増えました。

現在はもともと居住している広島だけでなく、東京の下北沢にもオフィスを置き、さらにはアメリカのテキサス州でもプロジェクトが展開できるようになったのも、このオンラインシステムによるところが大きいです。

そういったなか、この流れに全くついてこれていない人もいます。高齢者に多いと思いきや、30代40代の若い世代でも、パソコンやスマホを苦手にしている人が結構います。

Zoomで会議をしているときに、参加者の一人のネット接続がなかなかうまくいかず、何度も画面が落ちていました。彼女に状況を聞いてみると、持っているパソコンが7年ぐらい前のもので、インターネット回線の速度もあまり意識していないとのことでした。

数名、同じような状況で奮闘していましたが、ある人はパソコンを最新のものに買い替え、インターネット回線もその地域で一番早いものに切り替えたことで、ビジネス的にもどんどん成果を上げるようになりました。

一方、パソコンを買い替えず、ネット回線がそのままだった人は、どんどんと縁が遠ざかりました。オンラインミーティングで話している最中に、頻繁に回線が切れたり画面がワンテンポ遅れたりすると、コミュニケーションがスムーズにいかず、それだけで金運を落としかねません。

こうした事態を避ける手段は二つあります。

一つは、Ｗｉ－Ｆｉ環境をできるだけ最高のものにすることです。もう一つは、使用するパソコンやタブレット、モバイルなどの通信機器のスペックを上げることです。古い型の物を使っていると、使用するオンラインツールのスペックに合わなくなり、インターネット回線速度にかかわらず、映像の処理速度に支障が出て相手に迷惑をかけるハメになります。

快適な通信環境の確保は、オンラインでの交流においてはあなたの印象を高める投資です。できれば5年毎に買い換えることを検討し、快適にサクサク動く通信環境を整えましょう。

またオンラインで人と交流するときに、あなたの印象を決定づける「明るさ」には気をつけてください。あなたの顔や部屋の中が画面に明るく映し出されるように、部屋の照明以外にも専用のライトを用意してください。

おすすめの照明器具としてはLEDの多灯タイプやリングタイプの物など種類は色々ありますが、できれば左右から照らせるように2台購入しましょう。ネットで購入すれば1台数千円から数万円で手に入ります。明るくなった画面に、あなたの笑顔が写し出されれば最高です。

一つの部屋の壁紙や床を好きな物にやり替える

無垢のフローリングの上で前屈をするとより体が柔軟になると前述しましたが、床や壁の仕上げが天然素材の空間を体感すると、体が受けるストレスがまるきり違うことを実感できます。**部屋の壁や床に天然素材を用いて過緊張を取り除く部屋を家の中に一つ作ればより最強の金運ハウスに近づきます**。

6畳の床の面積は約10㎡ですが、無垢で踏み心地のいいフローリングに張り替えるのは、手間代入れても20万円程度です。また6畳の部屋の壁の面積は4面合計で約30

㎡ですが、漆喰などの壁を塗る費用は、手間代込みで20万円には収まります。大きさによって費用は変わりますが、リビング、寝室など思い切って、床や壁をリフォームすると、まるっきり空間の印象が変わるのでおすすめです。

特に、床材は前述したように無垢のフローリングがおすすめです。

壁に関しても、日本で一番普及しているビニルクロスは帯電する傾向があるため静電気が起きやすくなります。冬季にドアのノブを持つと、体に大量に帯電した静電気が放電し、手にバチッとした感触が起こりびっくりしたことがありませんか？

ビニルクロスではこうしたことが起きやすくなるのに対して、漆喰や珪藻土などの塗り壁は帯電性が低く、体に静電気を及ぼす影響もかなり少なくなります。静電気に帯電していると、肩こりや腰痛、免疫力の低下、貧血などの症状が出やすくなるので、身に覚えがある方はこうした対策も視野に入れてみてください。

予算に応じて、まずは一室を無垢フローリングの床と漆喰の壁でリフォームして、体感覚の違いを実感してみるのも手です。

予算100万円からできる家のリフォーム

本書の知恵を活かしながら、100万円以上かけてでも、我が家を徹底的に金運ハウスにするぞ！　と意気揚々の人がいましたら、おすすめしたいのがこれらの内容です。最強の金運ハウスにするために重要なポイントをお伝えします。

これから家の資産性を高めつつ長年付き合って永続的に金運を高めたいのなら、家のパーツ毎のリフォームも視野に入れてみてください。

キッチンをリフォームする

100万円以上予算がさける場合は、一番おすすめなのがキッチンのリフォームです。前述したように、金運の要となる夫婦関係、パートナーシップを良好に保つためにも女性が普段からご機嫌でいることはとても重要です。

なぜなら多くの女性にとってキッチンは自分自身の象徴のような場所でもあり、この場にいることが幸せに繋がると、どんどん幸せ度が向上するからです。

しかし多くの女性が自分自身に稼ぎがない、少ないという理由からキッチンのリフォームを夫や家族に切り出せずにいますが、内心ではどうにかしたいともんもんとしています。

キッチンをリフォームしたい理由としては、

- かなり古い、見た目が好きでない
- 気密性・断熱性が低くて夏季は暑くて冬季は寒い
- キッチンが個室なので、料理中はリビングで遊んでいる子どもに目が届かない
- 最新型のオーブンやコンロ、浄水器がつけられれば最高
- 収納する部分が少なくて困っている

など、さまざまです。

近年は調理スペースがリビングやダイニングに向かっている対面式のキッチンが人気です。それ以外にも、アイランド型や特殊な形状のものもありますが、**一番のポイントは、そのキッチンを最も使用する人がどんなリフォームによって「こころがときめくか？」です**。

私の事務所では、新築の場合、オーダーキッチンを設計させていただくことがほとんどですが、金額にして150〜300万円のものが多いです。中には800万円くらいのキッチンも設計したことがありますが、150〜300万円くらいの予算であれば、通常のキッチンのほとんどがまかなえます。

ローコストで済ませるのなら、既製品のキッチンがおすすめで、それ以外にもメーカーが提供しているシステムキッチンなどもありますので、気に入ったキッチンを見つけましょう。

キッチンのリフォームの話をするといつも思い出すご夫妻の話があります。

その奥様は専業主婦で、お子様がまだ小さい状態でした。キッチンは独立型で暗く、料理しながら子どもたちの顔が見えない状況で、いつももんもんとしていました。

私はたまたま子ども部屋の収納の相談ということでご自宅に伺ったのですが、子どもたちもまだ小さく、収納に関しても5年先ぐらいに考えてもいいような状況でした。

そのときに「他に困っていることはないですか？」と話を振ると、キッチンをチラチラと見るのです。「本当はキッチンで困っているのだな」と思いながら話を聞くと、先ほどのようなことに不便を感じていらっしゃいました。

そこで改めて週末にご自宅に伺い、ご主人がいるときに私からキッチンのリフォームの提案を切り出すことにしたのです。奥様はドキドキしながらご主人の反応を見ていらっしゃいました。

「本当にキッチンは不便なのか？」というご主人の問いに、小さく頷く奥様。きっと、我慢して使っていることをずっといい出せなかったのでしょう。

その姿を見たご主人が次のようにいいました。

「八納さん、妻がそれで笑顔になるのなら安いものです。よろしくお願いします」

私は一瞬泣きそうになってしまいました。「素敵なご主人だな〜」と感動してしまったのです。


もちろん、それぞれの家庭の判断によって結末は変わるでしょうが、奥様がはなから遠慮していて無理だと思い込んでいるこのようなケースは多いです。自分で切り出しにくいと感じる場合は、私たちのような専門家に間に入ってもらうのも一つでしょう。諦めずにトライしましょう。

その他水回りをリフォームする

キッチンの次に手を付けたいのは、その他の水回りです。

水回りは、長年使っていると取れない汚れなどもついてきて、気が付くと、見た目が汚らしくなって、見るたびにイヤになることがあります。

また洗面化粧台は、収納する場所が少なく、所狭しと化粧品などが並んで人には見せられない状態になっていたり、当初ピカピカだった鏡が光を失いそこに映る自分を見るたびに「ハァ～（暗）」とため息が出たりするなど、一日の気持ちを盛り下げる原因にもなりかねません。

なぜ金運で水回りが大切なのかといえば、朝一番に一日の気分が盛り上がるか、盛り下がるかの要になっているからです。

洗面化粧台は、鏡の後ろに大容量の収納場所を作ったり、洗面部分も汚れにくい大型のものに変えるなど、設備も一新できますが、毎日そこに映る自分を見る気持ちも清々しいものに変えることができます。

お風呂に関しても同様です。

寒々しいお風呂で、何とも薄汚れた状態だと、体を洗うためだけの場所みたいになり、本来のお風呂は一日の疲れを癒してストレスを解消してくれる最高の場所なのですが、最高の機能を全く発揮できません。

お風呂は、湯船に浸かることを前提にしたものにリフォームすることをおすすめします。

なぜかというと、日本は世界の中でも、湯船に浸かれるほどの水資源がある希少価値の高い国だからです。湯船に浸かることで、あらゆる体調不良を改善できると懇意にしている医師から聞きました。

入浴は半身浴ではなく、深めの湯船に浸かるほうが良いそうです。深めの湯船に浸かると、末梢血管から心臓へと血流が押し戻されて全身の血行が良くなり、さらに水圧で足やふくらはぎに溜まっている老廃物を押し流すことができるからです。

さらに週3回は、普段入る湯船の温度よりも2、3度高いお湯(できれば43度以上)にして浸かれば、基礎体温が向上することも医学的に分かっています。

実際に毎日のお風呂で湯船に浸かると、要介護が29％、心臓疾患が28％、脳卒中が26％、脳内出血が46％リスクが下がるというデータも出ているくらいです。

尊敬する80代の方にインタビューしたとき「健康が何にもまして最高のご褒美、幸せの源」とおっしゃっていました。

その方は、自宅に水風呂を作り、湯船と交互に入る健康法を60歳になった頃からやっているということでした。風邪知らずで、ゴルフでもエイジシュート（年齢と同じスコア以下で回る）を何度も達成しています。

お風呂をやり替えるのは、最高の健康への投資にもなり、健康な体があれば、金運もさらに向上します。お風呂をお気に入りの場所にするためにヒートショック対策も加味しながら、リニューアルを検討してみましょう。

トイレも同様です。

便器の汚れが取れず、壁紙が薄汚れていて、小さな牢獄のようになっているものも少なくありません。持ち家の場合は、設備関係は20年で寿命と思い、リフォームするのも一つです。

家相的に欠けがある部分を増築して欠けをなくす

日本の風水である家相を見るときの大きな要素として「家に欠けがあるかどうか？」があります。欠けの条件は、詳しくは『開運ハウス』をご覧いただくとして、数百万円の費用を費やすことで欠け（間取りの凹み）をなくす増築をすることができれば、家の凶相をなくすことが可能です。

ただし、気をつけたいことがあります。

たとえば欠けが一つではなく、二つ以上ある場合です。二つ以上ある場合、一つだけ欠けをなくしても、もう一つの欠けが残ったままなので凶相は変わりません。

家相の流派によっては、凶相が残る欠けの増築（間取りの凹みを直す工事）は大凶だという場合があります。**欠けを直すなら、家すべての欠けを同時に直すことが重要なのです**。

欠けを直すには、間取りの凹みをなくす方法以外にもやり方があります。これは敷地が広い場合に限りますが、欠けている方位の敷地に別棟で付属屋を建てるという方法です。

本書にも登場していただいたヨシダソース創業者の吉田潤喜さんのポートランドの自邸は当初、南東に欠けがありましたが、南東にある馬小屋をゲストハウス&ホールに改修してから、南東の事象である「発展、成果が出る」の要素が一気に高まり、業績が一気に良くなったとおっしゃっていました。欠けを改善する威力のすごさを物語っています。

ただ、一般の人にとっては専門的すぎてどうすればいいか分からなくなることが多いので、家相的な欠けがある場合は、家相に詳しい専門家にきっちりと見てもらい増築計画を立てることをおすすめします。

住む人たちの全体運にも連動する外壁の改修をしてキレイに塗り直す

家の外観は、その家に住む人たちの象徴とでもいうべきシンボルの一つです。

外観がみすぼらしければ、衰退していくイメージが出ますし、清潔感があり好感が

間取りの「欠け」は"凶相"
増築によって間取りを変えるのも手！

家の欠けの見方

図のように間取りに対角線をひいて家に「欠け」がないかチェック

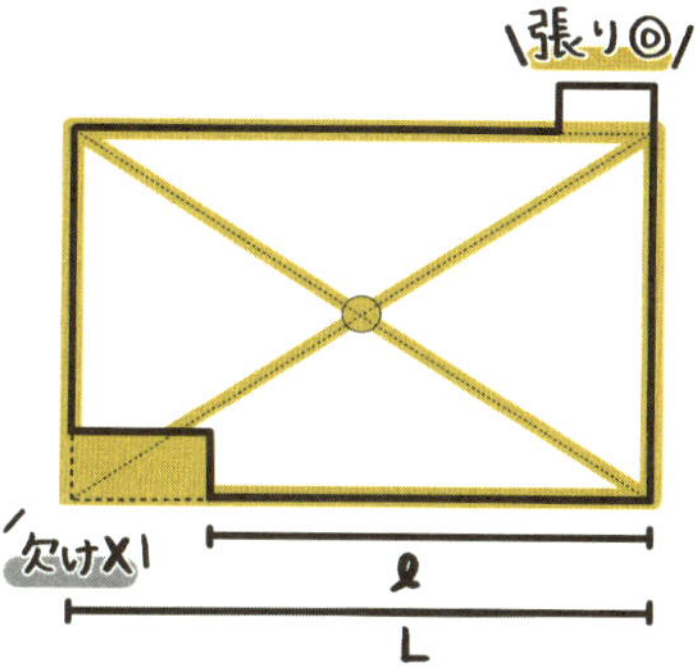

張り → $l \leqq L/3$　欠け → $l > L/3$　｛「張り」と「欠け」はこの数式で導く

増築で欠けを埋めて吉相に！

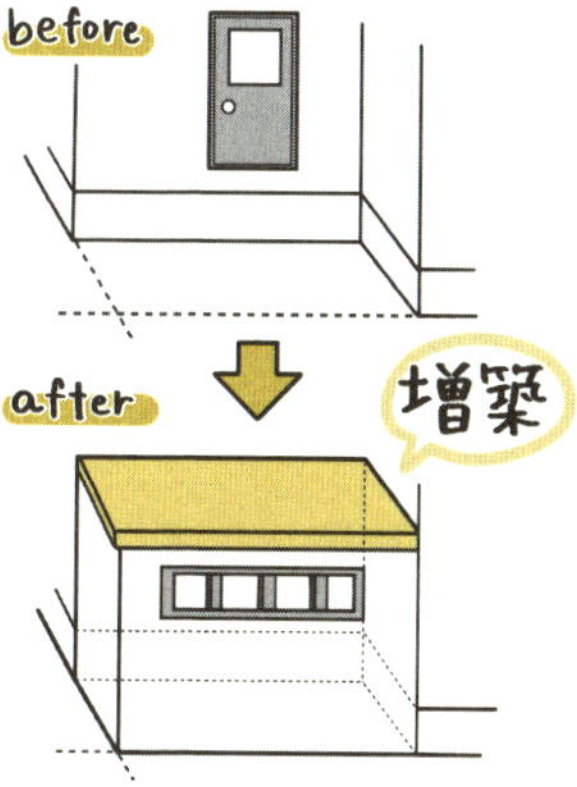

キッチンが欠けている場合パントリーを設置してさらに使いやすい空間にすることも！

持てる場合は、そこに住む人たちもそのように思われがちで全体運にも連動しています。

家の外観は、それくらい住む人たちをいい意味でも悪い意味でも象徴する部分なので、予算がさけるのであれば、外壁を改修してキレイにすることも視野に入れたいものです。

2階建てで延べ床面積40坪ぐらいの家だと、足場を建てて吹き付け直すのは、2025年時点では、大体120から150万円前後でしょう。地域差や仕様によっても違いますが、足場代を含めると大体それくらいにはなります。

外観をキレイにリフォームすることは、あなたやそこに住む人のイメージを一瞬で書き換えるほど強力な方法です。外観を整えるのを機に、人を招く家にしていくのも一つです。

また、これから新築をする人にも外観に対して一つアドバイスをしたいと思います。

外壁には、大きく8種類ぐらいの素材があります。サイディング、吹き付け、木、金属系、塗壁、タイル、石などです。後ろに行けば行くほど値段が高くなります。

この中で気をつけたいのは、日本の住宅で一番流通しているサイディングです。

サイディングは、外壁に貼る板状の外装材で、木目模様からタイル模様など、さまざまなデザインのものがあります。

一見して良さそうな材料で、新築時はキレイに見える外壁ですが、実は、木目模様やタイル模様は、ざっくりいうと外部用のインクジェットプリンターで印刷されているので、10年ちょっと経つと、それらが色あせて見えてくるようになります。

10数年後、その外壁の改修をしようとするときに問題が発生します。それは何かというと、木目模様やタイル模様のものは、新築当時の模様には補修できず、上から一色で吹き付け直すしか補修の方法がないということです。


新築当時は、木目模様やタイル模様で雰囲気が出ていたのが、10数年後吹き付け直すときには、何となくその色目に近い茶色やレンガ色一色になってしまい、安っぽい外観になってしまいます。

新築当初からそうなることを想定して設計&デザインされていればいいですが、ほとんどの場合、そのことを想定していません。そうなるとこういった家は、購入後10数年したらみすぼらしい外観になり、金運を遠ざけてしまいます。

サイディングを使うのであれば、一色で凹凸形状のあるものなどは吹き付け直してもデザインが変わらないので、選択肢としてはありでしょう。

家の外観があなたの金運を遠ざけないよう、意識をしましょう。

最高の金運ハウス化を叶える「リゾート&エンタメ化」を目指そう

最後におすすめなのが「家のリゾート&エンタメ化計画」です。

家をリゾートで安らぎ&エンタメを楽しむ場に見立てて、24時間家で過ごしていても最高な気分が味わえる仕掛けを家に組み込んでいきます。

なぜ、リゾート&エンタメ化が重要なのかというと、コロナ禍を通じて鬱っぽくなった人が続出した背景に、心の潤いをもたらす要素が家に全くなかったことが原因だったからです。

それに対して、**コロナ禍でもお金の流れに恵まれて金運がどんどんアップしていっ**

た人たちの家は、家が大きいか小さいか、戸建てかマンションかにかかわらず、心をリラックスさせてワクワクさせる要素を組み込んでいました。

これからの時代、コロナ禍のように家に避難し続ける事態が起きる可能性はゼロではありません。本書を通して、家の中にリラックス&ワクワクできる場所を組み込むことを意識しましょう。

家のリゾート&エンタメ化に関しては予算をかけられる場合は、具体的に、シアタールーム、カラオケルーム、トレーニング&インドアスポーツルーム、屋内温水プールなどがおすすめです。

コロナ禍に突入した直後に、私のもとにも「家の一角に屋内温水プールを組み込みたい」という設計依頼が舞い込み、全世界から屋内プールの情報を検索し国内で優れた屋内運動用プールを作っている会社を見つけて、実際にプールを作りました。

ほぼ毎日プールで体の健康維持を図っていた60代の女性相談者にとってはプールに入れるかどうかが生命線だったので、非常に喜んでいただきました。

参考までに屋外の常設プールなら、床置き型のもので500万円〜で、屋内で温水プール化を図ると1000万円〜ぐらいになります。ただ、新築当初に組み込んでいれば予算は半分程度で済んでいたことから考えると、これからの家づくりではこれらの要素を予算に組み込んでおくのも良案です。

インドアでスポーツをする方も増えています。

代表的なのはシミュレーションゴルフです。私も隙間時間を見つけてはインドアのゴルフ練習場に通っていますが、最近ではシミュレーションゴルフのリアリティがかなり増し、実際にゴルフコースを回っているような気分にもなれて満足度も高いです。

自宅にシミュレーションゴルフができる部屋を作れば、友人を招いて盛り上がる一つのきっかけになるでしょう。天井の高さは最低3mは必要なのでリフォームの場合は難しいところがありますが、新築などの場合は10畳以上の部屋の大きさを確保しつつ、ゴルフの機械を入れても500万円程度で設置が可能です。

シアタールーム兼カラオケルームとして防音設備をしっかり整えておけば、遠慮なしに大音量で楽しむことも可能です。既存の戸建てやマンションの場合でも、防音工事を施してカラオケ兼シアタールーム化を図ることは十分可能です。ゲーム好きな人は、超大型スクリーンでゲームを楽しむこともできます。既存の部屋の状態にもよりますが、数十万円から防音工事は可能です。

冒頭の話にも繋がりますが、**リゾート&エンタメ化がなぜ金運アップに関わっているのかというと、金運アップには「人生を楽しむ」「心に余裕がある」状態が欠かせないからです**。

家を自分の最も好きな場所にして、その家を媒介して人と繋がったり人脈を広げたりして人間関係を育んでいけば、人生はさらに生き生きとして楽しくなります。

「あの人と一緒にいたら楽しそう!」
「あの人は何かやってくれるのではないかな?」

周りの人にそう感じさせる人が、夢を叶えながらどんどん金運もアップさせています。家が単に生活する場というところから、リゾート&エンタメ化を図ることで、心にもゆとりが生まれ、人生が豊かになっていきます。

全5章を通して「お金と家」について話してきました。いかがでしたか？人生は住んでいる家そのもの。住環境がそこに住む人の人生を幸福にも不幸にもします。

金運は、あなたが自分の人生をどれだけ楽しんで、周りと分かち合っているかで決まる。

こうした本書のコアメッセージを受け取っていただけたでしょうか？

自分自身の手で、あなたの望む人生を住んでいる家が後押ししてくれる「金運ハウス」に育て上げてみましょう。あなたのこれからの人生が金運で満たされ、ワクワクを謳歌できますように！

家のリゾート＆エンタメ化を図ろう!!
シアタールーム
トレーニングルームや
インドアスポーツルーム
屋内温水プール
カラオケ
ルームを
つくった!!
歌うの
スキ
家を自分の最も
好きな場所にする
その家を媒介して
人と
繋がる
人脈が
広がる
人間関係
育む
人生はさらに生き生き楽しくなる!
あなたが望む人生を
住んでいる家が後押ししてくれる
「金運ハウス」に育て上げてみよう!

おわりに

数年で世界がガラッと変わってしまう前にあなたの金運を最高潮にもっていこう！

最後までお読みいただきありがとうございます。

ここまでたどり着いたあなたは、本書のノウハウを実践していくことで、家やお金に対する認識がガラッと変わっていく実感を得られるはずです。我が家を金運ハウスに育てていくことがあなたの人生に潤いをもたらして、毎日が充実していくことも肌身で感じられると確信しています。

コロナ禍を経て日常生活のスタイルが大きく変わるとともに、オンラインを通じたコミュニティづくりが活性化するなど、人と人との繋がり方も多様化しています。敏感な人はいち早く時代の変化をキャッチし、そこにあらゆる可能性を見出していました。

これからも、どんなに世の中が変化したとしても、本書の知恵は有効に働きます。

ガラッと世の中が変わる前に、あなたの金運を最高潮にもっていってください。

本書の知恵を活用して、あなたの人生がさらに充実することを心からお祈りしています。

大雨が去った後、晴れ渡る沖縄のブセナテラスにて。

2025年1月　八納啓創

追伸

本書の文中にあるホワイトセージのお香や電磁波対策グッズ、開発中のお祈りグッズに関しては、私の公式LINEから随時お知らせしています。興味がある方は非公開動画5本を合わせてお送りしていますので（2025年1月時点）、謝辞のあとの二次元コードからご登録ください。

謝辞

本書では智慧の中でも「金運」に特化した話でまとめ上げた特性上、執筆にあたっては、幸せな富裕層の方々にインタビューをさせていただき参考にしました。ヨシダソース創業者の吉田潤喜さん、作家の本田健さんには、幸せな富裕層としての生き方の神髄を学ばせていただきました。

家相に関しては、長年の師である故村山幸徳先生に心から感謝を申し上げます。村山先生の考えを広げる一端になればと思いYouTube『幸運すまいチャンネル』を開設してから4年以上になります。多くの視聴者にコメントをいただき、そこからさらに「住まいと運」の関係性を掘り下げることができました。

また、前書『開運ハウス』、そして本書『金運ハウス』が、村山先生の著書『展望と開運』の編集に携わった伊藤編集長に関わっていただけたこと、そして前書から引き続き編集担当の荒川さんにお手伝いいただけたことにも心からお礼を述べさせてください。皆様のおかげで本書が完成しました。

最後に、金運の心理面で色々と教えてくれた最愛の妻、八納慧果と娘にも心から感謝しています。ありがとう！

金運アップ・風水と家相・幸せな暮らしを叶える秘訣 etc.
YouTube では公開できない特別な情報を
LINE 登録者限定でコッソリお届け！

金運ハウス　公式 LINE

https://kdq.jp/73r7y

※ KADOKAWA のサービスサイトを経由して、著者のLINE アカウントに遷移します。

■ PC ／スマートフォン対象（一部の機種ではご利用いただけない場合があります）。■パケット通信料を含む通信費用はお客様のご負担になります。■システム等のやむを得ない事情により、予告なくサイトの公開や本企画を中断・終了する場合があります。■上記 LINE アカウントは著者が代表を務める G proportion アーキテクツが管理・運営しています。株式会社 KADOKAWA ではお問い合わせ等をお受けしていません。

【お問い合わせ】
G proportion アーキテクツ
https://www.keizo-office.com/contact/

※2025年1月時点の情報

八納 啓創（やのう　けいぞう）
一級建築士。神戸市生まれ。株式会社 G proportion アーキテクツ 一級建築士事務所代表取締役。YouTubeチャンネル登録者数26万人『幸運すまいチャンネル』を運営（2025年1月現在）。住む家が人生を幸せにも不幸にもすることを家づくりを通じて実感。一級建築士では珍しい日本の風水である家相を組み込む設計手法で、クライアントには東証一部上場（現 プライム市場）の経営者や年商500億円の経営者の自邸、ベストセラー作家の施設改修設計をはじめ、120件の実績がある。『幸運すまいチャンネル』では「家を活用して幸運を引き寄せる方法」を伝えていて月間100万回再生を維持している。著書には『わが子を天才に育てる家』（PHP研究所）『住む人が幸せになる家のつくり方』（サンマーク出版）『「住んでいる部屋」で運命は決まる！』（三笠書房）『なぜ一流の人は自分の部屋にこだわるのか？』（KADOKAWA）『開運ハウス 家がパワースポットになる住まいの整え方』（KADOKAWA）があり、東南アジアを中心に10冊翻訳されている。

金運《きんうん》ハウス
一生《いっしょう》お金《かね》に恵《めぐ》まれる家《いえ》の秘密《ひみつ》

2025年2月20日　初版発行
2025年4月5日　再版発行

著者／八納《やのう》 啓創《けいぞう》

発行者／山下 直久

発行／株式会社KADOKAWA
〒102-8177　東京都千代田区富士見2-13-3
電話　0570-002-301（ナビダイヤル）

印刷所／TOPPANクロレ株式会社
製本所／TOPPANクロレ株式会社

ISBN 978-4-04-607334-1　C0095